❧ LES AMOVRS
DE P. DE RONSARD
VANDOMOIS, NOV-
uellement augmétées par lui,
& commentées par Marc An-
toine de Muret.

Plus quelques Odes de L'auteur,
non encor imprimées.

Τέτανδρος πρὶν ἔτερπ' ἄνδρας μόνον, ἀλλὰ γυναῖκας
Νῦν τέρπει, νῦν ἄρ τερπογυνὴς ἔσεται.
Αυrατε.

AVEC PRIVILEGE DV ROY.

A PARIS,
❧ Chez la veuue Maurice de la Porte.
1553.

A N. 27.

Ἐις τὴν εἰκόνα τοῦ Ῥωνσάρδου
μύρτῳ ἐστεφανωμένω.
Κύπριδος ἔργ' ᾄδοντα, τὸ κύπριδος ἔστεφε δένδρον.
Κύπριδος ὑμνοπόλῳ ςέμμα πρέπει κύπριδος.
Βαΐφιυ.

A N. 20.

Ὡς ἀπὸ Ῥωυσάρδε
εἰς τὴν Κασάνδραν.
Φοιβάδα τὴν Κασάνδραν, ἔρως τὸν ἑταίρου ἐκείνης,
Φοιβομανῆ τεῦξεν φοῖβος ἐρωμανέων.
Ἡ δ' ἄλλη Κασάνδρη ἡ' ικελ-πίδος, οὐκ ἔτι φοιβὰς,
Νῦν ἰμ' ἐρωμανέα ῥέξ' ἰδὲ φοιβομανῆ.
[α. Αντω. Βαΐφιν.

*. ij.

Extrait du Priuilege.

Il est permis de par le Roy a la veuue Maurice de la porte Libraire en L'uniuersité de Paris de faire Imprimer, & exposer en vente vn liure intitulé Les Amours de Pierre de Ronsard Vandomois, nouuellement augmentés par lui, & Commentés par Marc Antoine de Muret. Et sont faictes inhibitions & defences a tous Imprimeurs, Libraires, et autres de n'imprimer ou faire imprimer, vendre ou distribuer au Roiaume, païs, terres & seigneuries dudit seigneur ledit liure des amours de Pierre de Ronsard, s'il n'est de ceus que ladicte veuue aura fait Imprimer. Et ce pour le terme de six ans consecutiz a commencer du iour que ledit liure sera paracheué d'imprimer, sur peine de confiscation des liures imprimés & d'amende arbitraire, Ainsi qu'il est plus aplain contenu au priuilege, donné a Paris le dixhuitiesme iour de May mil cinq cens cinquante trois.

Par le Conseil

Signé Decourlay

IN IMAGINEM M. A.
Mureti è viuo expressam.
Atqui te Aonias dicebas velle sorores
Pingere: solue datam pictor amice, fidem.
Plus etiam feci: nanque hac sub imagine, Lector,
Cum Phœbo Aonidum turba diserta latet.
      L. Menimÿ Fremioti.
    ★.iij.

PREFACE DE MARC ANTOINE DE Muret sur ses commentaires, A monseigneur Adam Fumée Conseiller du Roi en parlement à Paris.

LA peruersité de nôtre siecle est si grande, Monseigneur, que ceus, qui pour le iour d'hui emploient leurs esprits à porter au public quelque plaisir ou quelque vtilité, ne reçoiuent communement pour toute recompense de leurs labeurs, que le mépris des vns, & l'enuie des

PREFACE.

autres. Ce qui me venát en penſée, lors que premieremét ie me mis a écrire ces Commentaires, a peu prés me detourna de pourſuiure mon entrepriſe. Car outre les autres exemples, qui me venoient au deuant, ſingulieremét m'emouuoit celui de l'auteur meſme, que i'entreprenois a cōmenter, lequel pour auoir premier enrichi nôtre langue des Greques & Latines dépouilles, quel autre grand loier en a il encores raporté? N'auons nous veu l'indoɔte arrogance de quelques acreſtés mignós, ſ'émouuoir tellemét au premier ſon de ſes écris, qu'il ſembloit, que ſa gloire encores naiſsáte, deuſt eſtre étainte par leurs effors? L'vn le reprenoit de se trop loüer, l'autre d'ecrire trop oscurement, l'autre d'estre trop audacieus a faire nouueaus mots: ne sachans pas, que cette coutume de se loüer lui est commune aueques tous les plus excellans poëtes qui iamais furent: que l'oscurité qu'ils pretendent, n'est qu'vne confession de leur ignorance: & que sans l'inuentiõ des nouueaus mots, les autres langues sentissent encores vne toute telle pauureté, que nous la sentons en la nôtre. Mais le tans est venu, que presque tous les bõs espris conoissent la source de ces complaintes : & d'vn commun accord se rangent à soutenir le parti de ceus, qui tachent à dessiller les yeus du peuple François, ia par trop long tans bandés du voile d'ignorance. Parquoi il ne m'eut pas été mal aifé de méprifer les abbois de l'ignoráce populaire, fi autres empéchemens ne fe fuffent d'abondant prefentés. Mais étant iournellement folicité de me retirer de cette vile, par le commiandemét de ceus, aufquelz, apres dieu, ie doi le plus d'obeiffance, & telemét preffé qu'il me faloit prefque à toute heure péfer de mon depart, ie ne pouuoi rien entreprendre, que d'vn efprit troublé, & mal apte à produire fruits, qui fuffent dignes de venir en lumiere. Si eft-ce qu'a la fin, ie me fuis hazardé, efperant que mon labeur trouuera quelq excufe enuers ceus, qui faurōt que i'en ai efté reduit a tel point, qu'il me faloit autant compofer par chacun iour, comme les imprimeurs en pouuoiét metre en œuure. Ie penfe qu'il ne m'eft ia befoin de repōdre a ceus, qui pourroient trouuer étrange que ie me fuis mis a cōmeter vn liure Frāçois, & compofé par vn homme, qui eft encores en vie. Car s'il n'i auoit dans ce liure aucune eruditiō qui ne fe peuft prēdre dans les liures écris en nôtre langue, i'eftimeroi bien ma peine affes maigrement emploiée. Mais veu qu'il i a beaucoup de chofes non iamais traitées mefmes des Latins, qui me pourra reprendre de les auoir cōmuniquées aus Fran-

PREFACE

çois? Life hardiment mes Commentaires qui voudra: i'ofe bien fans arrogance affeurer, que peu de gens les liront fans i aprédre. Et tel de ces Mefsieurs, auec vn branlement de tefte, fera femblāt de n'en tenir pas grād compte, lequel toutefois en foi-mefmes fentira bien, que fans l'aide d'iceus, qui lui eut demandé le fens de quelque Sonet, il n'en fut pas forti fort a fon aife, Et pleuft a dieu, que du tans d'Homere, de Vergile, & autres anciens, quelqu'un de leurs plus familiers eut emploié quelques heures a nous eclarcir leurs conceptions. Nous ne feriōs pas aus troubles aufqls nous fommes, pour les entendre. Car il n'i a point de doute,

PREFACE.

qu'vn chacun auteur ne mette quelques choses en ses écris, lesquelles lui seul entend parfaittement. Comme ie puis bien dire, qu'il i auoit quelques Sonets dãs ce liure qui d'hôme n'eussent iamais esté bié entédus, si l'auteur ne les eût, ou a moi, ou a quelque autre familieremét declairés. Et côme en ceus la ie côfesse auoir vsé de son aide, aussi veus-ie bié qu'on sache, qu'aus choses qui pouuoient se tirer des auteurs Grecs, ou Latins, i'i ai vsé de ma seule diligence. Ce que i'ai bien voulu dire, parce q̃ ie ne sai quels flagorneurs en ont desia autrement deuisé: me conoissans tresmal, & mesurãs les autres a l'imbecillité de leur force. I'ai môtré

PREFACE.

parcideuant, & montrerai plus amplemét quelque iour, si dieu fauorise a mes desseins, que i'ai dequoi tenir quelque ranc entre les letrés. Or quoi q̃ i'aie fait en cet endroit, Monseigneur, ie l'ai biẽ voulu dedier a l'amitié qu'il vous a pleu me porter, depuis q̃ ie suis en cette vile: afin q̃ la Frãce entende par mon moien, que vous estes vn des principaus, qui dans Paris fauorisent aus esprits aians quelq̃ marque de gétilesse.

Εἰς Κασάνδραν ῥονσάρδε ὑπὸ
Μυρήζου ἑρμηνευθεῖζιν.

Κασσάνδρης ὑπ' ἔρωτι μανεὶς ἅμα πιερίδων τε
ῥονσαρδ Ὁ σοφὰ μὲν θέσπισεν, ἀλλ' ἀφανῆ.
Νῦν δ λαχὼν Μούρηζον ἐπάξιον ἑρμηνευτὴν,
Καὶ σοφὰ θεσπίζει πάντα, ϗ οὐκ ἀφανῆ.
Οὐ μὼν ἦν θέμις ἄλλον, ἀφερμηνεύεμεν εὖ γε,
Μάντιος, ἢ μάντιν, μαντοσύνας, ἕτερον.

ἰω. Αὐρατῦς.

SONET DE M. DE S. G.
En faueur de P. de Ronsard.

D'Vn seul malheur se peut lamenter celle,
En qui tout l'heur des astres est compris,
C'est, ô Ronsard, que tu ne fus espris,
Premier que moi de sa viue estincelle.
　Son nom connu par ta vene immortelle,
Qui les vieus passe, & les nouueaus espris,
Apres mille ans seroit en plus grand pris,
Et la rendroit le tans touiours plus belle.
　Peusse-ie aumoins mettre en toi de ma flame,
Ou toi en moi de ton entendement,
Tant qu'il souffist a louer telle dame.
　Car estants tels, nous faillons grandement:
Toi, de pouuoir vn autre suiect prendre,
Moi, d'oser tant sans forces entreprendre.

IAN ANTOINE DE BAIF

Quand deus unis suiuent une entreprise,
Moindre est l'ennui le courage plus grand:
Et touiours mieus le proffit aparant
D'un fait empris, l'un deuant l'autre auise.
Mais quand un seul (sans qu'un autre autorise
De son conseil l'œuure qu'il entreprend)
Prend un auis, l'œuure & la fin qu'il prend,
A chef par lui bien plus tard se voit mise.
Ceci disoit, celle nuit qu'epiant
Le camp vainqueur du Troien endormi
Tydide Grec s'acompagna d'Vlysse.
Ainsi, Ronsard, de Muret t'alliant,
Fausse le Camp du Vulgaire ennemi,
Quoi qu'une nuit ton chemin obscursisse.

ESTIENE IODELLE.

Sur le Patron de tous les dieus ensemble
Nature auoit ton esprit faconé,
Et d'un tel cors l'auoit enuironé
Que rien en toi de mortel ne nous semble.
De chacun d'eus les puissances elle emble
Qu'a toi, son seul miracle, elle a doné,
Tant que le ciel restant tout etoné
Contre ces dons ialousement s'assemble.
Qui contre toi va l'enuie enflamant,
Qui contre toi va l'Ignorance armant,
Mais de ces deus ont peu valu les forces:
L'Amour en fin s'oposant a ton cueur
Pour tous les dieus s'etoit rendu vaiqueur,
Quand L'Amour mesme en tes amours tu forces.

V OE V.

Divin troupeau, qui sur les riues moles
Du fleuue Eurote, ou sur le mont natal,
Ou sur le bord du cheualin cryſtal,
Aſſis, tenés vos plus saintes écoles:
Si quelque fois aus saus de vos caroles
M'aués receu par vn aſtre fatal,
Plus dur qu'en fer, qu'en cuiure, ou qu'en metal,
Dans vôtre temple engraués ces paroles:
RONSARD, AFIN QVE LE SIECLE A VENIR,
DE PERE EN FILS SE PVISSE SOVVENIR,
D'VNE BEAVTE', QVI SAGEMENT AFFOLE,
DE LA MAIN DESTRE APAND A NOSTRE
AVTEL,
L'HVMBLE DISCOVRS DE SON LIVRE IM-
MORTEL,
SON COEVR DE L'AVTRE, AVS PIES DE
CETTE IDOLE.

MVRET.

Diuin troupeau.) Par ce premier Sonet, le Poëte de-
die son liure aus Muses, les priant de le rendre im-
mortel, & dedie aussi son cœur a sa dame. *Diuin trou-
peau.* Muses. *Eurote.* Fleuue de Theſſalie dedié aus
Muses. *Sur le mont natal.* Olympe, ou Hesiode dit les
Muses auoir eſté nées. Voi l'Ode a Michel de l'Hospi-
tal. Pline dit qu'elles naquirent en Helicon. *Du cheua-
lin cryſtal.* De l'eau de la fontaine nommée Pirene,
qui naquit d'vne pierre frapée du pié par le cheual vo-
lant, Pegase. Cryſtal a la maniere des Poëtes eſt prins
pour eau. Le mot, cheualin, eſt fait pour exprimer le
Latin. *Caballinus. Caroles.* Danses. Mot François an-
cien. *Idole.* Pourtrait de sa dame.

LES AMOVRS DE P. DE RONSARD, COMMENtées par Marc Antoine de Muret.

Vi voudra voir comme vn
Dieu me surmonte,
Comme il m'assaut, comme
il se fait veinqueur,
Comme il renflame, & renglace mon cœur,
Comme il reçoit vn honeur
de ma honte:
Qui voudra voir vne ieunesse pronte
A suiure en vain l'obiet de son malheur,
Me viene voir: il verra ma douleur,
Et la rigueur de l'Archer qui me donte.
Il conoitra, combien la raison peut
Contre son arc, quand vne fois il veut,
Que nôtre cœur son esclaue demeure:
Et si verra, que ie sui trop heureus
D'auoir au flanc l'eguillon amoureus
Plein du venin, dont il faut que ie meure.

b ii

MVRET.

Qui voudra voir.) Le Poete tache a rendre les lecteurs attentifs, disant, que qui voudra bien entendre la nature d'Amour, viene voir les effets qu'Amour produit en lui. *Vn Dieu,*) Amour. *l'Archer.*) Amour, Cupidon. *Il conoitra.*) C'est a dire: Il conoitra, que quand Amour se veut emparer de l'esprit d'vn homme, la raison est telement captiuée par les affections, qu'elle n'i peut aucunement resister. *Esclaue,*) serf. *Au flanc.*) Combien que le flanc, le cœur, le foie, les poumons, les moüeles sont parties, comme chacun sait, bien differentes: si est-ce que les Poëtes vsent presque indifferemment de ces mots la, pour dire l'ame, ou l'esprit.

Nature ornant la dame qui deuoit
   De sa douceur forcer les plus rebelles,
   Lui fit present des beautés les plus belles
Que des mille ans en epargne elle auoit.
   Tout ce qu'Amour auarement couuoit
De beau, de chaste, & d'honneur sous ses ales,
   Emmiella les graces immortelles
De son bel œil, qui les dieus émouuoit.
   Du ciel a peine elle étoit descendue,
Quand ie la vi, quand mon ame éperdue
   En deuint folle, & d'vn si poignant trait
   Le fier destin l'engraua dans mon ame,
Que vif ne mort iamais d'une autre dame
   Empraint au cœur ie n'aurai le portrait.

MVRET.

Nature ornant.) Il faint, pour amplifier la beauté de sa dame, que Nature epargna par l'espace de mille ans vn nombre infini de singulieres beautés, desquelles apres tout a vn coup elle l'orna. Dit d'auātage, qu'Amour lui mist dans l'œil, tout ce qu'il auoit de beau, de chaste, d'honeste: tellement qu'elle estant encores au ciel émouuoit a son amour les dieus. Apres descendue du ciel en terre, rauist tellement l'esprit du Poëte, qu'il est impossible, que iamais il mette sa pensée en vn autre. *Quand ie la vi*) C'est vne allusion a la deuise du Poëte prinse de Theocrite, qui est, ὡς ἴδον, ὡς ἐμάνην: C'est a dire, que des la premiere fois, qu'il vit Cassandre, il deuint insensé de son amour.

3

Dans le serain de sa iumelle flame
Ie vis Amour, qui son arc débandoit,
  Et sus mon cœur le brandon épandoit,
Qui des plus frois les mouëlles enflame.
  Puis ça puis la pres les yeus de ma dame
Entre cent fleurs vn ret d'or me tendoit,
Qui tout crespu blondement descendoit
A flos ondés, pour enlasser mon ame.
  Qu'eussaï-ie fait? l'Archer étoit si dous,
Si dous son feu, si dous l'or de ses nous,
Qu'en leurs filés, encore ie m'oublie :
  Mais cet oubli ne me tourmente point,
Tant doucement le dous Archer me point,
Le feu me brule, & l'or crespe me lie.

MVRET.

Dans le serain) Il poursuit à raconter comment il fut surpris : disant qu'il vit Amour dans les yeus de Cassandre, desbendant son arc contre luy, epandant ces

b.iÿ.

brandons fus fon cœur,& lui tendant vn ret d'or,pour
enlaffer fon ame,fans qu'il i peuft oncques refifter.
Vn ret d'or.) Il entend les cheueus de fa dame, dorés,
crefpelus,& mollement defcendans fur les ioües.

4 IE ne fuis point, ma Guerriere Caffandre,
Ne Myrmidon, ne Dolope foudart,
Ne cet Archer, dont l'homicide dart
Occit ton frere, & mit ta ville en cendre.
En ma faueur pour efclaue te rendre
Vn camp armé d'Aulide ne depart,
Et tu ne vois au pié de ton rempart
Pour t'enleuer mille barques defcendre.
Mais bien ie fuis ce Corébe infenfé,
Qui pour t'amour ai le cœur offenfé,
Non de la main du Gregeois Penelée:
Mais de cent trais qu'vn Archerot veinqueur,
Par vne voie en mes yeus recelée,
Sans i penfer me ficha dans le cœur.

MVRET.

Ie ne fuis point.) Caffandre, autrement nommée Alexandre, fut fille a Priam Roy des Troïens. Or par ce que le Poëte a nommé fa dame de ce mefme nom, il parle a elle tout ainfi que f'il parloit a cette autre qui, comme i'ai dit, fut fille a Priam. Ainfi fouuent Petrarque parle a madame Laure, comme fi elle eftoit celle qui pourfuiuie par Apollon fut changée en Laurier.
Ma guerriere.) Qui meines ordinairemét guerre contre mon cœur. Ainfi Petrarque, *Mille fiate,ò mia dolce guerriera. Ne Myrmidon.* Myrmidõs & Dolopes, font peuples de Theffalie, qui fous la conduite d'Achille & de Phœnix furent a la guerre contre les Troïens.
Ne cet archer.) Il entéd Philoctete, qui a cous de traits

tua Paris, comme amplement raconte Quinte le Calabrois au difiême liure. *Et mit ta vile en cendre.*) Par ce qu'il i aporta les fageres d'Hercule, fans lefquelles il étoit arrefté par deftin que Troie ne pouoit eftre prife. Voy Sophocle en la Tragedie nommée Philoctete. *En ma faueur.*) C'eſt vne imitation de ce que Didon dit a Enée au quatriême de l'Eneide.

*Non ego cum Danais Troianam excindere gentem
Aulide iuraui, claßém ve ad Pergama mifi.*

d'Aulide.) Aulide eſt vn port auquel les Grecs iurerét enfemble de ne reuenir iamais en leur païs, que premieremét ils n'euſſent faccagé Troïe. *Mille barques.*) Auec autant de barques difent Homere & Virgile, que les Grecs vindrét fe camper deuát Troïe. *Ce Corébe.*) Corebe fut vn ieune homme fils d'vn Phrygien nommé Mygdon, lequel Corebe feru de l'amour de Caſſandre, eſtoit venu au fecours des Troïés. Mais la nuit du fac de Troie, voulát fecourir fa Caſſádre, que quelques Grecs trainoient par le poil hors du Temple de Minerue, il fut tué par vn Grec nommé Penelée. Voi le fecond de l'Eneide. *Vn Archerot.*) Vn petit archer, Cupidon. *En mes yeus.*) L'amour coule par les yeus dans le cœur: d'ou eſt que les Grecs ſ'apellent ἔρως du verbe ἐςρεῖν, ὅτι διὰ τ̃ ὀμμάτων ἐςρεῖ. Properce, *Si neſcis, oculi ſut in amore duces.* Muſæe, Ὀφθαλμὸς δ' ὁδός ἐςιν, ἀπ' ὀφθαλμοῖο βολάων Ἔλκος ὀλισϐαίνει, ἢ ἐπὶ φρένας ἀνδρὸς ὀδ'ἐνει.

5.

PAreil i'egale au foleil que i'adore
 L'autre foleil. Ceſtui la de fes yeus
  Enluſtre, enflame, enlumine les cieus,
Et ceſtui ci toute la terre honore.

 L'art, la Nature, & les Aſtres encore,
 Les Elemens, les Graces, & les Dieus
Ont prodigué le parfait de leur mieus,

b.iij.

Dans son beau iour qui le nôtre decore.
　Heureus cent fois, heureus, si le destin
N'eut emmuré d'vn Fort diamantin,
Si chaste cœur dessous si belle face:
　Et plus heureus si ie n'eusse arraché
Mon cœur de moi, pour l'auoir attaché
De clous de feu sus le froid de sa glace.

　　MVRET.

Pareil s'egale.) Il côpare sa dame au Soleil: & dit qu'il seroit heureus, ou si sa dame n'estoit point du tout si chaste, ou si iamais il n'eust esté espris de l'amour d'elle. *L'autre soleil.*) Cassandre. *Prodigué.*) Prodiguement respandu. *D'vn fort.*) d'vn rempart. *Diamantin.*) Aussi fort que diamant.

　　Es liens d'or, cette bouche vermeille,
　　Pleine de lis, de roses, & d'œuillets,
　　Et ces couraus chastement vermeillets
Et cette ioüe a l'Aurore pareille.
　Ces mains, ce col, ce front, & cette oreille,
Et de ce sein les boutons verdelets,
Et de ces yeus les astres iumelets,
Qui font trembler les ames de merueille:
　Firent nicher Amour dedans mon sein,
Qui gros de germe auoit le ventre plein,
D'œufs non formés, & de glaires nouuelles.
　Et lui couuant (qui de mon cœur ioüit
Neuf mois entiers) en vn iour m'eclouït
Mille Amoureaus chargés de traits & d'ales.

MVRET.

Ces liens dor.) La fiction de ce Sonet, comme l'auteur mesme m'a dit, est prinse d'une Ode d'Anacreon encores non imprimée. Elle est assés aisée de soi, & ne sinifie autre chose, sinon qu'il est tout plein d'affections amoureuses. *Amoureaus,*) Petits Cupidons, ou, comme Baïf les nomme, Cupidoneaus. Tous les deus sont faits pour exprimer le Grec ἐρωτάριον.

Bien qu'a grand tort il te plaist d'allumer
Dedans mon cœur, siege à ta seigneurie,
Non d'vne amour, ainçois d'vne Furie
Le feu cruel pour mes ôs consumer,
   L'aspre tourment ne m'est point si amer,
Qu'il ne me plaise, & si n'ai pas enuie
De me douloir : car ie n'aime ma vie
Si non d'autant, qu'il te plaist de l'aimer.
   Mais si les cieus m'ont fait naistre, Madame,
Pour estre tien, ne genne plus mon ame,
Mais pren en gré ma ferme loiauté.
   Vaut il pas mieus en tirer du seruice,
Que par l'horreur d'vn cruel sacrifice,
L'occire aus piés de ta fiere beauté?

MVRET.

Bien qu'a grand tort.) Il dit premierement, que tous les tourmens qu'il reçoit par la cruauté de sa dame, ne lui sauroint estre qu'agreables. Apres il lui remôtre, qu'il est a elle trop meilleur, & trop mieus seant, le prendre a merci, que par sa durté l'occire.

Lors que mon œil pour t'œillader s'amuſe,
Le tien habile à ſes traits decocher,
Eſtrangement m'enpierre en vn rocher,
Comme au regard d'vne horrible Meduſe.

Moy donc rocher,ſi dextrement ie n'vſe
L'outil des Seurs pour ta gloire ebaucher,
Qu'vn ſeul Tuſcan eſt digne de toucher,
Non le changé,mais le changeur accuſe.

Las qu'ai-ie dit?Dans vn roc emmuré,
En te blâmant ie ne ſuis aſſeuré,
Tant i'ai grand peur des flames de ton ire,

Et que mon chef par le feu de tes yeus
Soit diffamé,comme les monts d'Epire,
Sont diffamés par les flames des cieus.

MVRET.

Lors que mõ œil)Il dit que quãd il ſ'amuſe a *Oeillader,*)
c'eſt a dire a regarder ſa dame,l'œil d'icelle, *L'empierre.*)C'eſt a dire l'endurcit, & le tourne en vn rocher.
Et par ainſi que ſi lui eſtant mué en rocher, ne loue dignement ſa dame, elle ſ'en doit prendre a ſoimeſme,
qui le transforme ainſi.Puis tout acoup ſe reprend d'auoir ſi audacieuſement parlé : & dit que combien qu'il
ſoit ainſi endurci, toutesfois il ne ſe tient pas aſſeuré,
par ce que le foudre des yeus de Caſſandre eſt aſſes
fort pour penetrer meſme les rochers. *Meduſe.*)Phorque fils de Neptune entre autres enfans euſt ſis filles
deſquelles trois furent nommées les Vieilles, parce
qu'elles naquirent auec le poil tout blanc : les autres
trois furent nommées Gorgones,pour la hideuſe forme qu'elles eurent: car Gorgon en Grec eſt a dire terrible & hideus a voir. Les trois Vieilles ſe nommoient

Memphede, Ennyō, & Dinō: & dit on que toutes trois n'auoient qu'vn œil, & qu'vne dent, qui se pouuoient oster & remetre, quand bon sembloit: tellement que toutes en vsoient par renc. Les Gorgones se nōmoient Euryale, Sthenon, & Meduse, desquelles Meduse seule estoit mortele: les autres deus immorteles. Celles ci eurēt le chef couuert d'escailles de Dragō: les dens lōgues cōme celes d'vn Sāglier, & des æles, a tout lesqueles eles voloient par l'ær. Auoient dauātage cette proprieté, que tous ceus qui les regardoiēt, soudain estoiēt changés en pierres. C'est ainsi qu'ē deuisent plusieurs Poëtes & Grammariens tant Grecs que Latins, qui toutesfois ne s'acordent pas entierement: mais ceus qui en parlent plus selō la verité, cōme vn nommé Serein & autres, disent que les Gorgones furent au vrai douées d'excellēte beauté: tāt que ceus qui les voioiēt, en deuenoient tous etourdis, & hors de sentimēt: d'ou lon a pris occasion de feindre, qu'ils se conuertissoient en pierres. *L'outil des Seurs,*) L'outil des Muses, le carme. *Ebaucher,*) telemēt quelement decrire. *Vn seul Tuscan,*) Vn Petrarque, ou vn semblable a lui. *Les monts d'Epire.*) Qui se nōmēt Ceraunes, ou Acroceraunes parce quils sont souuēt frappés de tempeste. Ceraunos en Grec sinifie la foudre.

Le plus toffu d'vn solitaire bois,
Le plus aigu d'vne roche sauuage,
Le plus desert d'vn separé riuage,
Et la fraieur des antres les plus cois:
Soulagent tant les soupirs de ma vois,
Qu'au seul écart de leur secret ombrage,
Ie sens garir vne amoureuse rage,
Qui me rafole au plus verd de mes mois.

*La, renuersé dessus leur face dure,
Hors de mon sein ie tire vne peinture,
De tous mes maus le seul allegement.
   Dont les beautés par Denisot encloses,
Me font sentir mille metamorfoses
Tout en vn coup, d'vn regard seulement.*

MVRET.

Le plus toffu.) Il dit ne pouuoir soulager ses maus, sinon se retirant de toutes compaignies, & hantant les lieus solitaires, affin d'illec contempler a son aise vn protrait de sa Dame fait de la main de Nicolas Denisot Conte d'Alsinois homme, entre les autres singulieres graces, excellant en l'art de peinture. Voi la derniere Ode du cinquiesme liure. *Toffu*) espais, herissé de feuilles. *Metamorfoses.*) changemens. Mot Grec.

10.
*IE pai mon cœur d'vne telle ambrosie,
   Que ie ne suis a bon droit enuieus
   De cette là qui le Pere des dieus
Chés l'Ocean, friande, reßasie.
   Celle qui tient ma liberté saisie,
Voire mon cœur dans le iour de ses yeus,
Nourrit ma faim d'vn fruit si precieus,
Qu'autre apareil ne paist ma fantaisie.
   De l'aualer ie ne me puis lasser,
Tant le plaisir d'vn variant penser
Mon apetit nuit & iour fait renaistre.
   Et si le fiel n'amoderoit vn peu
Le dous du miel duquel ie suis repeu,
Entre les dieus, dieu ie ne voudrois estre.*

MVRET.

Iepai mon cœur.) Il dit, qu'il recoit tant de plaisir en aimant que s'il n'i auoit quelq̃ peu de desplaisir entremeslé, il ne voudroit pas changer sa condition a celle des dieus. Le cõmencement semble estre pris d'vn de Petrarque, qui commence ainsi,

Pasco la mente d'vn si nobil cibo,
Ch'ambrosia e nettar non inuidio a Ioue.

Ambrosie,) C'est la viãde des dieus, & Nectar le bruuage. Tous les deus signifiẽt immortalité. *Chés l'Ocean,*) Qui est dieu de la mer. La disent les Poetes, q̃ les dieus võt soun̄ct bãqueter. Voi l'Ode a Michel de l'Hospital.

Amour, Amour, donne moi pais ou tréue,
Ou bien retire, & d'vn garot plus fort
Tranche ma vie, & m'auance la mort,
Me bienheurant d'vne langueur plus bréue.
Soit que le iour ou se couche, ou se léue,
Ie sen touiours vn penser qui me mord,
Et contumax au cours de son effort,
De pis en pis mes angoisses rengréue.
Que doibs ie faire? Amour me fait errer
Si hautement, que ie n'ose esperer
De mon salut que la desesperance.
Puis qu'Amour donc ne me veut secourir,
Pour me defendre, il me plaist de mourir,
Et par la mort trouuer ma deliurance.

MVRET.

Amour, Amour.) Tormenté de desir, & n'osant esperer de paruenir au bien qu'il pretẽdoit, il souhéte d'auoir pais, ou tréue pour le moins auec Amour. Et si Amour ne lui veut acorder ne l'vn ne l'autre, pour metre fin a sa douleur, il souhéte la mort.

LES AMOVRS

I'Espere & crain, ie me tais & suplie,
Or' ie suis glace, & ores vn feu chaut,
I'admire tout, & de rien ne me chaut,
Ie me delace, & puis ie me relie.

Rien ne me plaist sinon ce qui m'ennuie:
Ie suis vaillant, & le cœur me defaut,
I'ai l'espoir bas, i'ai le courage haut,
Ie doute Amour, & si ie le deffie.

Plus ie me pique, & plus ie suis retif,
I'aime estre libre, & veus estre captif,
Cent fois ie meur, cent fois ie pren naissance.

Vn Promethée en passions ie suis,
Et pour aimer perdant toute puissance,
Ne pouuant rien ie fai ce que ie puis.

MVRET.

I'espere & crain.) Il demontre les cōtraires effets qu'A-
mour produit en lui: lesquels nul ne peut au vrai entē-
dre, qui ne les ait experimentés en soimesme. Tel
presque est vn Sonet de Petrarque, qui se commence.
Amor mi sprona in vn tempo & affrena,
Assecura, espauenta, arde, & agghiaccia.
Vn Promethée.) C'est a dire, Mes passions renaissent
perpetuellement, comme celles de Promethée: duquel
les Poëtes disent, que pour auoir derobé le feu du ciel,
il fust ataché a vne montaigne de Scythie nōmée Cau-
case, la ou vn aigle lui rongeoit cōtinuellement le foie:
& affin que son torment fust perpetuel, il lui renaissoit
de nuit autant de foïe, comme L'aigle pinsetant lui en
auoit deuoré par iour. Ainsi le raconte Pherecyde.

Pour estre en vain tes beaux soleils aimant,
Non pour rauir leur diuine etincelle,
Contre le roc de ta rigueur cruelle
Amour m'atache à mille clous d'aimant.
 En lieu d'vn Aigle vn soin horriblement
Claquant du bec, & siflant de son æle,
Ronge goulu ma poitrine immortelle,
Par vn desir qui naist iournellement.
 Mais de cent maus, & de cent que i'endure,
Fiché, cloüé, dessus ta rigueur dure:
Le plus cruel me seroit le plus dous,
 Si i'esperois apres vn long espace,
Venir vers moi l'Hercule de ta grace,
Pour delacer le moindre de mes nous.

MVRET.

Pour estre en vain.) Il continue encores a se comparer à Promethée, & se dit estre tormenté, nõ pour auoir raui le feu du Soleil, comme lui: mais pour auoir trop aimé les beaus Soleils, c'est a dire les yeus de sa dame. *Contre le roc de ta rigueur.*) Comme contre vn Caucase. *Si i'esperois.*) Apres que Promethée eust long tans demeuré en la misere que i'ai ditte, Hercule allant auec Iason & les autres a la conqueste de la toison d'or, & passant par Scythie, par le commandement de Iupiter, le délia, aiant premierement tué L'aigle a cous de fleches. La fable est dans le Commentateur d'Apolloine sur le secõd liure, & dans Valere Flacque au quatriéme, & cinquiéme des Argonautiques.

IE vites yeus desous telle planete,
Qu'autre plaisir ne me peut contenter,
Si non le iour, si non la nuit, chanter,
Allege moi douce plaisant' brunette.

O liberté combien ie te regrette!
Combien le iour que ie vi t'absenter,
Pour me laisser sans espoir tourmenter
En ceste genne, ou si mal on me traite!

L'an est passé, le vintuniesme iour
Du mois d'Auril, que ie vins au seiour
De la prison, ou les Amours me pleurent:

Et si ne voi (tant les liens sont fors)
Vn seul moïen pour me tirer dehors,
Si par la mort toutes mes mors ne meurent.

MVRET.

Ie vi tes yeus.) Il regrette sa liberté, se plaignât d'estre enclos en vne prison amoureuse, de laquelle il ne voit moien aucun de sortir que par mort. Ce commencement est de Petrarque,

In tale stella duo begli occhi vidi.

Allege moi.) C'est vne vieille & vulgaire chanson, depuis renouuellée par Clement Marot. Et ne doit sembler etrange, si l'auteur en a mis ici le premier verset, veu que ce taut estimé Petrarque n'a pas dedaigné de mesler parmi ses vers, non seulemēt des chansons Italiennes de Cino, de Dante, de Caualcāte, mais encores vne de ie ne scai quel Limosin. Le lieu de Petrarque est,

Non graui al mio Signor, perch' io'l ripreghi,
Da dir libero vn di tra l'herba e i fiori
Dret e rason es que cantant io mori.

Ce que si quelqu'vn osoit faire en François, dieu sait, comment il seroit receu par nos venerables Quintils.

Ou les Amours me pleurent.) Ou ie suis si mal-traitté, que mesme les Amours aians pitié de moi, en larmoient.

HE qu'a bon droit les Charites d'Homere
Vn fait soudain comparent au penser,
Qui parmi l'ær sauroit bien deuancer
Le Cheualier qui tua la Chimere.
Si tôt que lui vne nef passagere
De mer en mer ne pourroit s'élancer,
Ni par les chams ne le sauroit lasser,
Du faus & vrai la pronte messagere.
Le vent Borée ignorant le repos,
Conceut le mien, qui vite & qui dispos,
Et dans le ciel, & par la mer encore,
Et sur les chams, fait ælé belliqueur,
Comme vn Zethes, s'enuole apres mon cœur,
Qu'vne Harpie humainement deuore.

MVRET.

Hé qu'a bon droit.) Homere quand il veut dire quelque chose estre faitte soudainement, vse souuét de ces mots, ὥς τε νόημα, c'est a dire, aussi tôt que le penser : laquelle comparaison est fort louée de l'auteur en ce lieu, ou il assemble encor'beaucoup d'autres choses, pour môtrer combien le penser est soudain. Il vient apres a parler du sien particulierement, duquel pour signifier la grâde vitesse, il le dit auoir esté conceu du vent Borée. Dit d'auantage que son penser court perpetuelemét, apres sa dame, pour deliurer son cœur, qu'elle deuore. *Les Charites d'Homere,*) Les Graces d'Homere c'est a dire, Homere mesmes. *Le cheualier qui tua la Chimere.*) Bellorophon qui domta le cheual volât, Pegase, par la bride que Pallas lui aporta du ciel, côme raconte Pindare aus Olympies, & l'auteur au premier des Odes. La fable est telle. Bellerophon fils de Neptune (bien qu'on l'estimast fils de Glauque roi d'Ephyre) ieune prince, acôpli de tous poins, estât a la court de Prœté

Roi d'Arges, la féme du roi nómée Antie s'enamoura de lui, si fort que laissant la hôte en tels cas requise, elle lui offrit la iouissance de son cors. Mais estât refusée par lui, & craignant, qu'il ne la diffamast, va la premiere se complaindre a son mari, disant que Bellerophon l'auoit voulue forcer. Prœtus fort courroucé ne le voulut toutesfois tuer, ne mesme permettre qu'il fut tué dans sa maison: ains ecriuit des letres a son beau pere le Roi de Lycie, lui exposant le fait, & le priant d'en prendre vengeance. Bellerophon mesme les porta: lequel fut receu par le Roi de Lycie trescourtoisement, & bien fetoié par l'espace de douze iours. Iceus acomplis, Iobate (ainsi se nómoit le beau pere de Prœtus) s'enquist a lui du portement de son gendre, & de sa fille, & s'il lui en aportoit point de letres. Si fai, dit il, & ce disant, les lui presenta. Les lettres leues, Iobate rongeant son frein, va penser a par soi, qu'il faloit brasser a Bellerophon quelque trahison pour le faire mourir. Et ne voiant moien plus propice, touiours dissimulant son cœur, lui tint propos de l'auanture de la Chimere, lui remontrant, que vraiment grand los acquerroit celui, qui pourroit vne telle beste descōfire. Or étoit la Chimere en ce pais la, vn monstre aiant le deuant d'vn Lion, le derriere d'vn dragon, & le millieu du cors en façon d'vne cheure: & gettoit ordinairement le feu ardant par la gueulle. Bellerophon fut de si gentil cœur, qu'il l'entreprint, & pour faire court, en vint a bout a son grād honneur: auec l'aide du cheual volāt Pegase, que son pere Neptune lui auoit donné. Il fit encor' beaucoup d'autres vaillantises, desquelles Iobate, s'esmerueillant, non seullemēt ne voulut pas le meurdrir, ains luy donna vne sienne fille nommée Cassandre en mariage, auecques bonne partie de son roiaume. Ainsi l'ai-ie recueilli d'Homere au sisiéme de l'Iliade, d'Hesiode en la Theogonie, & de leurs commentaires.

Du faus & vrai la pronte meſſagere.) La Renōmée ainſi appellée par Vergile. *Le vent Borée.*) Aquilon, la Biſe. *Ignorant le repos.*) Qui ne peut repoſer. Ainſi Horace, *Pelidæ ſtomachum cedere neſcij.*
Et Valere Flacque, *Ignaras Cereris terras. Fait alé bel liqueur.*) Chāgé en vn guerrier volant. *Comme vn Zethes.*) Il compare ſon penſer a Zethes, & ſa dame a vne Harpye. Pour entendre ceci, il faut ſauoir qu'il fut vn Roi es parties de Bithynie & Paphlagonie, nōmé Phinée, homme treſexpert en maniere de predire les choſes a venir. Icelui pour auoir trop apertemēt reuelé aus hommes les ſecrets des dieus, fut premierement aueuglé par Iupiter, & d'auantage fort eſtrangement tormenté par les Harpyes. Or etoient les Harpyes oiſeaus monſtrueus, aians viſage de pucelles, les mains crochues, vn ventre grand a merueilles, & vne perpetuelle faim. Ces monſtres, incontinēt que Phinée vouloit prendre ſa refection, venoient ſoudain ſe ruer ſur la viande, & la lui rauiſſoient quelque fois toute, quelq̄ fois lui en laiſſans vne bien petite partie, mais tellemēt empuantie par leur atouchement, que nul n'en pouoit ſouffrir l'odeur. Lui étant ainſi miſerable, auint que Iaſon, & les autres Argonautes allans a la conqueſte de la toiſon d'or, vindrent ſurgir en vn port de Bithynie, ou le pauure Phinée faiſoit ſa demourance. Parmi leur bande etoient deus enfans du vēt Borée, nommés Zethes, & Calais, qui voloiēt par l'ær, tout ainſi qu'oiſeaus. Par ceus la, auoit de long tās preueu Phinée, qu'il deuoit eſtre deliuré des Harpyes. Parquoy, prenant vn petit baſton en main pour ſa guide, a leur debarquer, vint treshumblement les recueillir, leur expoſant ſon infortune, & les ſuppliant de lui donner ſecours. Leur remōtrant, qu'il etoit leur prochain allié, aiant autrefois eu a femme vne leur ſeur nommée Cleopatre: & qu'il auoit de long tans preueu, qu'en leur ſeule vertu,

c.i.

& gentilesse gisoit l'espoir de sa deliurāce. Eus emeuŝ
de pitié s'en vindrent auecques lui, l'asseurans de le se-
courir a leur pouuoir. L'heure du diner venue, & Phi-
née s'etant mis a table parmi les autres, à grand peine
auoit on couuert, quand voi-ci les Harpyes, qui a leur
coutume vindrent enuahir les viandes, remplissans au
reste tout le lieu d'vne puanteur insuportable. Incon-
tinent les enfans de Borée prenans leur vol se prindrēt
à courir vers elles, & fendans l'ær, les poursuiuirent si
vertement, qu'ils les talonoient de bien prés, deli-
berés de les tailler en pieces, quand vne vois fut en-
tendue du ciel, leur defendant de passer plus outre, &
les asseurant que les Harpyes ne retourneroient plus
tormenter Phinée. Ainsi le racōtent Apolloine, & Va-
lere Flacque.

16

IE veus darder par l'vniuers ma peine,
Plus tôt qu'vn trait ne vole au descocher:
Ie veus de miël mes oreilles boucher,
Pour n'ouïr plus la vois de ma Sereine.
Ie veus muer mes deus yeus en fontaine,
Mon cœur en feu, ma teste en vn rocher,
Mes piés en tronc, pour iamais n'aprocher
De sa beauté si fierement humaine.
Ie veus changer mes pensers en oiseaus,
Mes dous soupirs en Zephyres nouueaus,
Qui par le monde euanteront ma pleinte.
Et veus encor' de ma palle couleur,
Aus bors du Loir enfanter vne fleur,
Qui de mon nom & de mon mal soit peinte.

MVRET.

Ie veus darder.) Il dit qu'il veut faire entendre a tout le monde les maus qu'il endure pour aimer : & apres se cháger en telle sorte qu'il n'aie aucun sentimét, affin de ne retourner plus vers celle qui le torméte. *De miel.*) De cire. *Sereine.*) Les Sereines furent filles du fleuue Achelois, & d'vne des Muses (les vns disent de Calliope, les autres de Terpsichore) qui auoiét le haut du cors en façõ d'oiseaus & le bas en forme de pucelles:ou cóme les autres disent, le haut en forme de pucelles, & le bas en forme de poissons. Elles se tenoiét en vne Ile de la mer Sicilienne, qui se nómoit l'Ile Fleurie, & chantoient merueilleusemét bié, tellemét qu'elles allechoiét les nautóniers par la douceur de leurs chans, & les tiroient en dés destroits de mer, ou ils perissoient. Mais Vlysse, qui auoit été auerti de cela par la Nymphe Calypson, lors qu'il i voulut passer, etoupa de cire les oreilles de tous ses cõpaignons, & se fit lier étroitement au mast de la nauire: & par ainsi euita le danger. Homere le raconte au dousième de l'Odyssée. Ie parlerai quelq fois des Sereines plus amplement sur le cinquième des Odes, en l'Ode aus trois princesses Angloises. *Qui de mon nõ.*) C'est vne allusiõ a la fable d'Aiax, lequel apres qu'il se fut tué, pour n'auoir peu obtenir les armes d'Achille: de son sang sortit vne fleur, aus fueilles de laquelle étoient écrites ces lettres A I, qui sont les premieres lettres de son nom : & outre ce ont signifiance de douleur: car A I en Grec est a dire, Helas. Voi Ouide au tresiême de la Metamor.

Par vn destin dedans mon cœur demeure,
L'œil, & la main, & le crin delié,
Qui m'ont si fort, brulé, serré, lié
Qu'ars, prins, lassé, par eus faut que ie meure.
Le feu, la serre, & le ret à toute heure,

c.ij.

Ardant, preſſant, noüant mon amitié,
Occiſe aux piés de ma fiere moitié
Font par ſa mort ma vie eſtre meilleure.

Oeil, main, & crin, qui flamés, & gennés,
Et r'enlaßés mon cœur, que vous tenés
Au labyrint de voſtre creſpe voïe.

Hé que ne ſuis ie Ouide bien diſant!
Oeil tu ſerois vn bel Aſtre luiſant,
Main vn beau lis, crin vn beau ret de ſoie.

MVRET.

Par vn deſtin.) Il dit, que trois choſes ſont enfermées dãs ſon cœur, leſquelles l'ont fait mourir: c'eſt a ſauoir, l'œil, la main, & le crin, c'eſt a dire la cheuelure de ſa dame. Et que s'il auoit auſsi bõ eſprit qu'Ouide, il chãgeroit l'œil en vn aſtre, la main en vn lis, & le poil en vn ret de ſoie. Ce Sonnet eſt de ceus, qu'on appelle auiourd'hui rapportés. Les anciés appeloient cette figure, *Paria paribus reddita. La ſerre.*) mot de fauconerie. *Occiſe aus piés.*) L'ordre des paroles eſt vn peu troublé: & les faut ainſi ordonner, L'œil, la main, & le crin, ſont ma vie, qui eſt occiſe aus piés de ma fiere moitié, c'eſt a dire de ma trop-rigoureuſe dame, eſtre meilleure par ſa mort. Il veut dire que ſon eſprit l'a laiſſé pour ſuiure ſa dame, & par ainſi qu'il eſt ia mort (car la mort n'eſt autre choſe que ſeparation du cors & de l'eſprit) mais qu'vne telle mort rẽd ſa vie meilleure & plus heureuſe. Les Platoniques diſent, que l'amant ne vit pas en ſoi, mais en la perſõne qu'il aime. *De ma fiere moitié.*) Cela auſsi eſt pris de Platõ, dãs vn dialogue duquel, qui ſe nomme Le bãquet, ou de l'Amour, Ariſtophane racõte que les hommes etoient au commencement doubles, mais que Iuppiter apres les partiſt par le millieu: & que depuis vn chacun cherche ſa moitié. De la dit il que l'amour procede. *Au labyrint.*) Ainsi se nommoient anciennement lieus faits de tel artifice, qu'a grand'peine en pouoit on sortir, i estant vne fois entré. Pline dit qu'il i en eut quatre principalement renommés.

Vn chaste feu qui les cœurs illumine,
Vn or frisé de meint crespe anelet,
Vn front de rose, vn teint damoiselet,
Vn ris qui l'ame aus astres achemine:
Vne vertu de telles graces digne,
Vn col de neige, vne gorge de lait,
Vn cœur ia meur dans vn sein verdelet,
En dame humaine vne beauté diuine:
Vn œil puissant de faire iours les nuits,
Vne main forte à piller les ennuis,
Qui tient ma vie en ses dois enfermée:
Auec vn chant offensé doucement
Ores d'vn ris, or d'vn gemissement:
De tels sorciers ma raison fut charmée.

MVRET.

Vn chaste feu.) Il raconte les beautés & bonnes graces de sa dame, & dit que ce sont les sorciers, par lesquels son entédemét fut charmé. Ie ne craindrai point, pour le cótentement des lecteurs, de mettre ici vn Sonet de Petrarque, duquel cettui-ci est presque tout traduit.

Gratie ch'a pochi 'l ciel largo destina,
Rara virtu, non gia d'humana gente,
Sotto biondi capei canuta mente,
E'n humil donna alta belta diuina:
Leggiadria singulare e pellegrina,
E'l cantar, che ne l'anima si sente,
L'andar celeste, e'l vago spirto ardente,
Ch'ogni dur rompe, & ogni altezza inchina,

c.iij.

E que begli occhi,ch'i cor fanno smalti,
Possenti a rischiarar abisso e notti,
E torre l'alme a corpi,e darle altrui,
   Col dir pien d'intelletti dolci & alti,
Con i sospir soauemente rotti,
Da questi magi transformato fui.

Vn or,) Vne cheuelure. Vn ris qui l'ame.) Les gentils esprits, par la beauté des choses inferieures, sont émeus a contempler & imaginer la beauté des choses celestes & diuines. Ainsi dit il, que le ris de sa dame, achemine aus astres l'ame de ceus qui la regardent. De mesme a dit Petrarque,

     Gentil mia donna veggio
     Nel muouer de vostr' occhi vn dolce lume,
     Che mi mostra la via qu' al ciel conduce.

Auec vn chant offensé,)Interrōpu. Il veut dire que Cassandre en chantant, par fois rioit, par fois gemissoit,ce qui aioutoit encore plus de grace a son chant.

Avant le tans tes temples fleuriront,
  De peu de iours ta fin sera bornée,
    Auant ton soir se clorra ta iournée,
Trahis d'espoir tes pensers periront.

Sans me flechir tes écris flétriront,
En ton desastre irá ma destinée,
Ta mort sera pour m'amour terminée,
De tes soupirs tes neueus se riront.

  Tu seras fait d'vn vulgaire la fable,
Tu bátiras sus l'incertain du sable,
Et vainement tu peindras dans les cieus:

  Ainsi disoit la Nymphe qui m'afolle,
Lors que le ciel pour seeler sa parolle
D'vn dextre éclair fut presage à mes yeus.

MVRET.

Auant le tans.) Cassandre fille a Priam fut prophete. Il dit que sa Cassandre l'est aussi, & qu'elle lui a desia predit tous ses malheurs. *Fleuriront.*) Deuiêdront blanches, & chenues. Ainsi disons nous souuét aus vieus Romans, la barbe fleurie, pour la barbe blanche. *Auant ton soir.*) Tu mourras, deuât que le cours naturel de vie soit acompli. *En ton desastre.*) En tô malleur. *Ira ma destinée.*) Il semblera, que ie ne soi' née, que pour te rêdre malheureus. *Tes neueus.*) Ceus qui viêdront apres toi. Il prend neueus pour ce que les Latins appellêt, nepotes. *Tu bastiras.*) C'est a dire, tu perdras ton tans. *La Nymphe qui m'affolle.*) Qui me rêd fol. *Pour seeller.*) Pour côfermer. *D'vn dextre esclair.*) On pensoit anciênement, que les foudres & les esclairs du costé gauche fussent signes & presages de bôheur, & ceus du côté droit, de malheur. Telle étoit l'opinió des Latins, car les Grecs au rebours pensoient ceus du côté droit estre heureus & les autres malheureus.

Ie voudroi bien richement iaunissant
En pluïe d'or goute à goute descendre
Dans le beau sein de ma belle Cassandre,
Lors qu'en ses yeux le somme va glissant.

Ie voudroi bien en toreau blandissant
Me transformer pour finement la prendre,
Quand elle va par l'herbe la plus tendre
Seule a l'escart mile fleurs rauissant.

Ie voudroi bien affin d'aiser ma peine
Estre vn Narcisse, & elle vne fontaine
Pour m'i plonger vne nuit à seiour:

Et voudroi bien que cette nuit encore
Durât tousiours sans que iamais l'Aurore
D'vn front nouueau nous r'allumât le iour.

c.iiij.

MVRET.

Ie voudroi' bien.) Le sens est, qu'il voudroit bien obtenir iouissance de sa dame, en quelque façon que ce fut. Mais il enrichit cela de fables poetiques, comme nous dirōs par le menu. *Richement iaunissant.*) Acrise fut iadis Roi d'Arges, auquel il auoit esté predit, que d'vne siēne fille nommée Danés, sortiroit vn fils qui le metroit a mort. Craignāt cela, il fit faire vne grosse tour d'ærain, & la dedans enferma sa fille, lui aiant pourueu de quelques femmes pour son seruice, deffendāt tresexpressement, qu'hōme quel qu'il fut n'eut leans entrée: esperant par ce moien euiter son desastre. Mais ainsi que le recelement d'vne excellente beauté ne fait que plus fort eguillōner ceus, qui en sont desireus: Iuppiter qui long tans aparauāt auoit esté feru de l'amour de cette princesse, la voiāt ainsi enfermée, plus fort embrasé que iamais, pour plus aisément paruenir a son attente, se conuertist en pluie d'or, & tout bellement se laissa couler par le toit, iusques au girō de l'Infante, auec laquelle il executa lors le point auquel principalement tous amoureus pretédent. La fable est en la Metamor. d'Ouide. Ainsi dit le poete, qu'il voudroit bien paruenir a sa dame. *Lors qu'en ses yeus.*) Lors qu'elle s'endort le plus doucemēt, cōme sur le point du iour. Ce sommeil est propremēt appellé par les Grecs μέρμηρα. *Ie voudroi bien en toreau.*) Ainsi que fit Iuppiter pour rauir Europe. Ie me deporte de reciter cette fable, parce que Baïf l'a diuinemēt decrite au liuret appellé, Le rauissement d'Europe. On la pourra prēdre de la. *Ie voudroi bien affin d'aiser.*) de soulager, *Ma peine. Estre vn Narcisse.*) Narcisse fut vn ieune enfant beau par excellence, lequel apres auoir dedaigné beaucoup de ieunes filles, qui etoient amoureuses de lui, vn iour, se baignāt dans vne fonteine, fut tellemēt épris de l'amour de soi-mesme, qu'il en mourut. Voi le troisième de la Metamor.

DE P. DE RONSARD.

Qu'Amour mon cœur, Qu'Amour mon 21
   ame sonde,
Luy qui conoit ma seule intention,
Il trouuera que toute passion
Veuue despoir, par mes veines abonde.

Mon Dieu que i'aime! est il possible au monde
De voir vn cœur si plein d'affection,
Pour le parfait d'vne perfection,
Qui m'est dans l'ame en plaie si profonde?

Le cheual noir qui ma Roine conduit
Par le sentier où ma Chair la seduit,
A tant erré d'vne vaine trauerse,

Que i'ai grand peur, (si le blanc ne contraint
Sa course vague, & sespas ne refraint
Dessous le iou) que ma Roine ne verse.

MVRET.

Qu'Amour mon cœur.) Il se dit estre si plein d'affection amoureuse, qu'il craint, que sa raison en soit a la fin renuersee. *Veuue despoir.*) Sans aucun espoir. Ainsi a dit Horace, *Viduus pharetra Risit Apollo.*) Et en vn autre lieu. *Et foliis viduantur orni.*) *Le cheual noir.* Par sa Roine il entend sa raison. Par le cheual noir, vn apetit sensuel & desordonné, guidant l'ame aus voluptés charneles. Par le cheual blanc, vn apetit honeste, & moderé, tendant touiours au souuerain bien. Cette allegorie est extraitte du Dialogue de Platon, nommé Phædre, ou, de la beauté.

Cent & cent fois penser vn penser mesme, 22
   A deus beaus yeus montrer à nu son cœur,
Se dessoiuer d'vne amere liqueur,
S'auiander d'vne amertume estreme,

Auoir la face amoureusement blême,
Plus soupirer, moins flechir la rigueur,
Mourir d'ennui, receler sa langueur,
Du vueil d'autrui des lois faire à soi-mesme.
Vn court despit, vne aimantine foi,
Aimer trop mieus son ennemi que soi,
Peindre en ses yeus mile vaines figures:
  Vouloir parler & n'oser respirer,
Esperer tout & se desesperer,
Sont de ma mort les plus certains augures.

MVRET.

Cent & cent fois.) Il voit en soi beaucoup de choses procedantes de l'Amour, qui toutes lui signifient sa mort prochaine. *Se dessoiuer,*) Se desalterer, étaindre sa soif. *S'auiander,*) Se repaître. *Vn court despit.*) Il se despite quelquefois contre la durté de sa dame: mais le despit est bien court. *Vne aimantine foi,*) Aussi forte comme l'aimant, qui atire le fer. *Augures,*) signes, præsages,

CE beau coral, ce marbre qui soupire,
  Et cet ébéne ornement d'vn sourci,
  Et cet albâtre en voute racourci,
Et ces zaphirs, ce iaspe, & ce porphyre.
  Ces diamants, ces rubis, qu'vn Zephyre
Tient animés d'vn soupir adouci,
Et ces œillets, & ces roses aussi,
Et ce fin or, ou l'or mesme se mire.
  Me sont au cœur en si profond esmoi,
Qu'vn autre obiet ne se presente à moi,

si non le beau de leur beau que i'adore:
Et le plaisir qui ne se peut passer
De les songer, penser, & repenser,
Songer, penser, & repenser encore.

MVRET.

Ce beau coral.) Ne dormant, ne veillant, il ne peut penser en autre chose, qu'aus singulieres beautés de sa dame. *Ce beau coral.*) Ces leures aussi vermeilles que franc coral. *Ce marbre qui soupire,*) Cet estomac blanc comme marbre, par fois agité d'vn tremblotement dous. *Et cet ebene.*) Ce sourci noir. Ebene est vn bois odorant, qu'on aporte des Indes, aiant par le dehors couleur comme de buis: mais fort noir par le dedans. *Et cet albatre,*) Ce front blanc comme albâtre. *Et ces zaphirs.*) Ces yeus etincelans. *Ce Iaspe, & ce porphyre.*) Il signifie la delicate peau de sa dame, au trauers de laquelle aparoissent les veines, comme sur vn Iaspe, ou sur vn Porphyre bien poli. *Qu'vn zephyre,*) vne souef flairante haleine. *Et ces œillets,*) Cette vermeille couleur. *Et ce fin or,*) Cette perruque dorée.

Tes yeus diuins me promettent le don
Qui d'vn espoir me r'enflame & renglace,
Las, mais i'ai peur qu'ils tiennent de la race
De ton aieul le Roi Laomedon.
Au flamboier de leur double brandon
De peu à peu l'esperance m'embrasse,
La preuoiant par le ris de leur grace
Que mon seruice aura quelque guerdon.
Tant seulement ta bouche m'espouante,
Bouche vraiment qui prophete me chante

Tout le rebours de tes yeus amoureus.
Ainsi ie vis, ainsi ie meurs en doute,
L'vn me rapelle, & l'autre me reboute,
D'vn seul obiet heureus & malheureus.

MVRET.

Tes yeus diuins.) Il dit que les yeus de sa dame douce‑ment et sourrians, lui promettēt quelque faueur: mais que, quand ce vient au parler, elle l'epouante, disant tout au contraire de ce que ses yeus promettēt. *Qui d'vn es‑poir me renflame, & renglace.*) Car mon esperance est ineslée de quelque crainte : parainsi l'une m'enflame, l'autre me refroidit. *Las mais i'ai peur.*) C'est a dire, mais i'ai peur qu'ils ne me tiennent pas promesse. *De ton aieul.*) Il parle a sa Cassandre, tout ainsi que si elle étoit fille au Roi Priam. *Le Roi Laomedon.*) Laome‑don fut pere a Priam: duquel les poetes disent, qu'il fut homme fort pariure & de mauuaise foi. Lors qu'il ba‑tissoit sa ville de Troie, deus dieus, c'est a sauoir, Ne‑ptune & Apollon, qui pour lors étoient priués de leur diuinité, conuindrent aueque lui a certain pris pour chacun an, pour lui aider a la bâtir. Apres que l'euure fut paracheuée, & que ces pauures dieus s'en vindrent demander leur salaire, non seulement il le leur refusa, ains les menassa, si plus ils le venoiēt importuner, qu'il leur feroit a tous deus couper les oreilles, & les enuoie‑roit liés, & garrotés de piés & de mains en quelques isles lointaines. Ainsi le racōte Homere au vintuniéme de l'Iliade. Ces dieus furent tellemēt courroussés, que Apollon lui enuoia la peste: Neptune fit déborder la mer iusques dans la ville. Et fut respondu par l'oracle, que cela ne pouuoit estre apaisé, sinon que les citoiens donnassent, chacun an, vne pucele, pour estre deuorée par vn monftre marin. Ce qu'ils firent, fe voians reduis a extremité: & choififfoient les pucelles par fort. Auint, que le fort tōba fur vne fille a Laomedon nommée Hefione. Parquoy ils la prindrent, & l'atacherent toute nue a vn rocher pres du riuage, auquel ils auoient coutume de lier les autres. Ainfi qu'elle étoit la, n'atendant finon que le monftre vint pour la deuorer, Hercule paffant la aupres, & entendant comme elle fe lamentoit, émeu a pitié, non feulemēt la deliura, mais auſsi mit a mort le monftre. Laomedon lui offrit pour recompenfe trête cheuaus, que Iuppiter lui auoit donnés. Hercule, qui alloit au voiage de la toifon d'or, le remercia pour l'heure, & lui dift, qu'il les prendroit a fon retour. Quand il reuint pour les reprendre, Laomedon les lui refufa: dequoi Hercule etant courrouffé, mift a fac la ville de Troie. La fable eft en partie dans Valere Flacque au fecond des Argonautiques, en partie dans Homère au cinquiême de l'Iliade. Le Poëte dit, qu'il a peur que les yeus de fa dame tiennent de la race de Laomedō, c'eft a dire, qu'ils foient trōpeurs.

Ces deus yeus bruns, deus flambeaus de ma
    vie,
    Deſſus les miens foudroians leur clarté,
Ont eſclaué ma ieune liberté,
Pour la damner en priſon aſſeruie.

    De vos dous feus ma raiſon fut rauie,
Si qu'ébloüi de vôtre grand beauté,
Opiniaſtre à garder loiauté
Autres yeus voir depuis ie n'eus enuie.

    D'autre éperon mon Tyran ne me point,
Autres penſers en moi ne couuent point,

LES AMOVRS

Ni autre idole en mon cœur ie n'adore.
Ma main ne fait cultiuer autre nom,
Et mon papier n'est esmaillé, sinon
De vos beautés que ma plume colore.

MVRET.

Ces deus yeus bruns.) Il dit que les yeus de sa dame l'ont tellement asserui, qu'il n'aime a voir autre qu'elle, & ne peut penser, ni ecrire d'autre que d'elle. Esclaué,) captiué, asserui. Mon Tyran,) Amour. Esmaillé,)orné.

Plus tôt le bal de tant d'astres diuers
Sera lassé, plus tôt la terre & l'onde,
Et du grand Tout l'ame en tout vagabonde
Animera les abymes ouuers.

Plus tôt les cieus de mer seront couuers,
Plus tôt sans forme ira confus le monde:
Que ie soi serf d'vne maistresse blonde,
Ou que i'adore vne femme aus yeus vers.

Car cet œil brun qui vint premier eteindre
Le iour des miens, les seut si bien ateindre,
Qu'autre œil iamais n'en sera le vainqueur.

Et quant la mort m'aura la vie otée,
Encor la bas, ie veus aimer l'Idée
De ces beaus yeus que i'ai fichés au cœur.

MVRET.

Plus tot le bal.) Il dit que toutes choses impossibles a-uiendront plus tôt qu'il soit amoureus de femme, qui ait le visage blond, ou l'œil verd. Car l'œil & le teint brun de sa dame l'ont tellement assugetti, que mesme apres sa mort, il en aimera l'Idée, qui est emprainte en son cœur. Il a dit cela mesme en l'Ode a Iaques Peletier, des beautés qu'il voudroit en s'amie, la ou il ecrit ainsi.

L'age non meur, mais verdelet encore,
C'est l'age seul qui me deuore
Le cœur d'impatience ataint,
Noir ie veus l'œil, & brun le teint,
Bien que l'œil verd toute la France adore.

Et est a nôter, que les anciens estimoiét l'œil noir estre vn des points le plus requis a la perfection de beauté. D'ou est que Venus est nommée par Pindare ἑλικῶπις, c'est a dire aus yeus noirs, en l'Ode sisième des Pythies & par Hesiode en la Theogonie, ἑλικοβλέφαρος. Ainsi mesmes est apellée Chryseis au premier de l'Iliade, Πρίν γ' ἀπὸ πατρὶ φίλῳ δ'όμεναι ἑλικώπιδα κούρην. Et Homere a baillé mesme epithete aus Muses. Ἀμφὶ Διὸς κούρους ἑλικώπιδες ἔσπετε μοῦσαι. Et l'auteur au second des Odes, *Muses aus yeus noirs mes pucelles.)* Les Latins ne l'ont pas ignoré, entre lesquels Horace ecrit aus Odes,

Et Lycum nigris oculis, nigróque
Crine decorum.

Et en l'art Poetique,

Spectandum nigris oculis, nigróque capillo.

L'œil verd est par les Poëtes attribué a Minerue, par eus souuent nommée γλαυκῶπις. Et le grand œil a Iunon, laquelle ils nomment βοῶπις. *Le bal de tant d'astres diuers,)* Le mouuement. Ainsi disent souuent les Poetes Grecs χόρος ἄστρων. *Plus tot la terre & l'onde,)* seront aussi lassées. *Et du grand Tout.)* Selon les Platoniques, qui constituent vne ame de l'Vniuers epandue par toutes les parties du monde : de laquelle Virgile parle ainsi au sisième de l'Eneide,

Principio cœlum, ac terram, campósque liquentes,
Lucentémque globum Lunæ, Titaniáque astra
Spiritus intus alit, totámque infusa per artus
Mens agitat molem, & magno se corpore miscet.

Les abymes ouuers.) Il entend ce vuide qu'Empedocle, Lucrece, & autres disent estre outre le ciel. *l'Idée.*) Idées sont images des choses, qui s'imprimét en nôtre ame. Mot Grec.

Bien mile fois & mile i'ai tenté
De fredonner sus les nerfs de ma lyre,
Et sus le blanc de cent papiers écrire
Le nom, qu'Amour dans le cœur m'a planté.
Mais tout soudain ie suis epoüanté,
Car sa grandeur qui l'esprit me martire
Sans la chanter arrière me retire
De cent fureurs pantoiment tourmenté.
Ie suis semblable à la Prestresse folle,
Qui bégue perd la vois & la parolle,
Dessous le Dieu qu'elle fuit pour néant.
Ainsi piqué de l'amour qui me touche
Si fort au cœur, la vois fraude ma bouche,
Et voulant dire en vain ie suis béant.

MVRET.

Bien mille fois.) Les Prestresses ancienes, lors qu'Apollon entroit dans elles, pour leur faire chanter les oracles, estoient tellement emeues par la vehemente agitation du Dieu, qu'elles perdoient sens & parolle, & béoient seulement ne pouuans parler. Ainsi dit il que la grande beauté, & diuinité de sa dame l'empesche de parler, ou d'ecrire, lors qu'il en a le plus grand desir. *Pantoiment.*) Tellement qu'il ne peut haleter, ni auoir son haleine. Mot propre en fauconerie. *Ie suis semblable à la prestresse.*) Cette affection est ainsi decrite en Virgile,

ventum erat ad limen, cùm virgo, poscere fata
Tempus, ait: Deus ecce, Deus, cui talia fanti
Ante fores, subitò non vultus, non color vnus:
Non comptæ mansere comæ: sed pectus anhelum,
Et rabie fera corda tument: maiórque videri,
Nec mortale sonans.

La vois fraude ma bouche.) Ainsi Virgile, *Captus clamor frustratur hiantes. Beant,*) Ouurant en vain la bouche, sans pouuoir parler, a cause de trop grande affection.

Iniuste Amour, fusil de toute rage,
Que peut vn cœur soumis a ton pouuoir,
Quand il te plaist par les sens émouuoir
Nôtre raison qui preside au courage?
Ie ne voi pré, fleur, antre ni riuage,
Champ, roc, ni bois, ni flots dedans le Loir,
Que peinte en eus, il ne me semble voir
Cette beauté qui me tient en seruage.
Ores en forme, ou d'vn foudre enflamé,
Ou d'vne nef, ou d'vn Tigre affamé,
Amour la nuit deuant mes yeus la guide:
Mais quand mon bras en songe les poursuit,
Le feu, la nef, & le Tigre s'enfuit,
Et pour le vrai ie ne pren que le vuide.

MVRET.

Iniuste Amour.) Au premier quatrein il dit, que l'homme peut resister a la force d'Amour. Au second, que quelque part qu'il regarde, il a toujours la beauté de la dame deuant les yeus. Aus sis derniers vers, qu'il la void de nuit en diuerses formes: mais que quãd il la pẽse embrasser, elle s'en fuit. *Nostre raison qui preside.*)

d.i.

Dela est que Platô l'apelle τὸ ἡγεμονικόν. *Ie ne voi pré.*
C'est vne chose naturelle, que ceus que nous aimons
fort, il nous semble touiours que nous les voions. *D'ou
est,* que les Latins disent, porter quelcun dans l'œil,
pour dire l'aimer bien fort. Les Grecs disent pour le
mesme, porter quelcun en la teste, ἐπὶ τῇ κεφαλῇ
περιφέρειν. *Ou d'vn foudre,*) par ce qu'elle me brûle.
Ou d'vne nef,) par ce qu'elle me fuit. *Ou d'vn Tigre af-
famé,*) pour ce qu'elle me deuore.

SI mile œillets si mile lis i'embrasse,
  Entortillant mes bras tout alentour,
  Plus fort qu'un cep, qui d'vn amoureus tour
La branche aimée, impatient enlasse:
  Si le souci ne iaunit plus ma face,
  Si le plaisir fonde en moi son seiour,
  Si i'aime mieus les ombres que le iour,
Songe diuin, cela vient de ta grace.
  Auecque toi ie volerois aus cieus,
Mais ce portrait qui nage dans mes yeus,
Fraude touiours ma ioïe entrerompue.
  Et tu me fuis au milieu de mon bien,
Comme l'éclair qui se finit en rien,
Ou comme au vent s'euanoüit la nue.

MVRET.

Si mille œillets.) Il remercie le Sônge, disant, qu'il ne re-
coit du bien que par lui: & que par son moien il vole-
roit iusques au ciel, si n'étoit, que ce plaisir se passe trop
tôt, & s'euanouit en rien. *Impatient,*) Ce que les La-
tins disent, *impotens.* Semblable inuention est dans les
Rimes du Seigneur Bembo.

Ange diuin, qui mes plaies embâme',
Le truchement & le heraut des Dieus,
De quelle porte es tu coulé des cieus,
Pour soulager les peines de mon ame?
 Toi, quand la nuit comme vn fourneau m'en-
flame,
Aiant pitié de mon mal soucieus:
Or, dans mes bras, ore dedans mes yeus,
Tu fais nouër l'idole de ma Dame.
 Las, ou fuis tu? Aten encor vn peu,
Que vainement ie me soie repeu
De ce beau sein, dont l'apetit me ronge:
 Et de ces flancs qui me font trepasser,
Sinon d'effet, seuffre au moins que par songe
Toute vne nuit ie les puisse embrasser.

MVRET.

Ange diuin. Il parle encor a ce songe, & le prie de per-
mettre que sa ioie soit vn peu de plus longue durée. Il
l'apelle Ange, c'est a dire messager diuin, par ce que
les dieus reuelent souuent aus hommes leur volunté,
par songes. A mesme raison il le nomme heraut, & tru-
chement des dieus. καὶ γὰρ τ' ὄναρ ἐκ Διός ἐστι, dit Ho-
mere au premier de l'Iliade.

Elés Démons qui tenés de la terre,
Et du haut ciel iustement le millieu:
Postes diuins, diuins postes de Dieu,
Qui ses segrés nous aportés grand erre.
 Dites Courriers (ainsi ne vous enserre
Quelque sorcier dans vn cerne de feu)
Rasant nos chams, dites, auous point veu
d ij.

Cette beauté qui tant me fait de guerre?
Si l'vn de vous la contemple ça bas,
Libre par l'ær il ne refuira pas,
Tant doucement sa douce force abuse.
Ou, commē moi, esclaue le fera,
Ou bien en pierre eľ le transformera
D'vn seul regard ainsi qu'vne Meduse.

MVRET.

AE les Démons.) Les anciens, & principalement les Platoniques ont pensé entre le globe de la Lune, & la terre, estre la demeure des esprits, qu'ils apelloiēt Demons, tenans en partie de l'humanité, en partie de la diuinité : de cette ci entant qu'ilz sont immortels, comme les dieus : de cette la, entant qu'ils sont subiets a pasſions & 'afections comme les hommes. Disent d'auantage, que par le moié d'iceus, les choses humaines sont portées aus dieus, & les diuines sont communiquées aus hommes. Voi Plató au Banquet, & Ficin au Commentaire. Le Poëte parle a ces Demôs, & leur demande, si montant au ciel, ou en descendant, ils ont point aperceu sa dame. Dit dauantage, que si quelcun d'eus la voit, il ne pourra pas s'en refuir au ciel, car ou elle le rendra esclaue de sa beauté, ou mesme le changera en pierre, c'est a dire, le rendra du tout insensible. *Grand erre,*) Grād trein. *Ainsi ne vous enserre Quelque sorcier.*) Il parle selon l'opinion du vulgaire, qui croit, que les sorciers ont pouuoir d'enserrer les esprits. *Auous.*) Comme les Latins disent, *sis*, pour, *si vis*, Ainsi les Francois, auous, pour aués vous. *Ainsi qu'vne Meduse.*) J'ai parlé de Meduse en vn autre lieu.

Quand au premier la Dame que i'adore,
De ces beautés vint embellir les cieus,
Le fils de Rhée apella tous les Dieus,
pour faire encor d'elle vne autre Pandore.
 Lors Apollin richement la decore,
Or, de ses rais lui façonnant les yeus,
Or, lui donnant son chant melodieus,
Or, son oracle & ses beaus vers encore.
 Mars lui donna sa fiere cruauté,
Venus son ris, Dione sa beauté,
Pithon sa vois, Ceres son abondance.
 L'Aube ses dois & ses crins deliés,
Amour son arc, Thetis donna ses piés
Clion sa gloire, & Pallas sa prudence.

MVRET.

Quand au premier.) Il dit, que quand sa dame vint au monde, tous les dieus, d'vn commun accord, lui donnerent tout ce qu'vn chacun d'eus auoit de singulier. *Le fils de Rhée,*) Iuppiter fils de Saturne, & de Rhée, autrement nommée Cybele. *Pour faire encor d'elle vne autre Pandore*) Apres que Promethée, còme i'ai desia dit eut derobé le feu du ciel, Iuppiter, pour se venger des hômes, donna charge a Vulcan, qu'il fist de terre vne statue de femme la plus belle qu'il pourroit, & qu'il l'animast: ce qui fut fait. Apres qu'elle fut animée, par commandement de Iuppiter, vn chacun des dieus lui donna ce qu'il auoit de plus excellét. Comme Venus la beauté, Pallas la sagesse, Mercure l'eloquence: & les autres dieus de mesme. Or en ce tans la les hommes viuoient sans peine, & sans souci: d'autant que la terre, sans estre labourée, leur produisoit toutes choses.

d.iij.

nécessaires a viure. Iamais n'estoient malades : iamais n'enuieillissoient. Mais Iuppiter mit a Pandore (ainsi se nommoit cette femme, pour la cause que ie dirai apres) vn vase en main, dans lequel étoient encloses les maladies, la vieillesse, les soucis, & telles autres malheurtés : puis l'enuoia vers vn frere a Promethée, qui se nommoit Epimethée, homme de peu de sens : lequel (combien que son frere l'auoit bien auerti de ne receuoir aucun present, qui vint de Iuppiter) toutesfois se laissa par elle abuser & la receut. Estant receuë, elle ouurit son vase, & remplit tout le monde des drogues, que i'ai ci dessus nommées. Hesiode le raconte au liure nommé, Les euures & les iours. La raison de son nom est telle. Pan en Grec signifie, tout : & doron est a dire vn don, ou present. Elle fut donc nommée Pandore, par ce que chacun des dieus lui fit vn present. Hesiode,

-ὀνόμηνε δὲ τἠν δὲ γυναῖκα
Πανδώρην, ὅτι πάντες ὀλύμπια δώματ' ἔχοντες
Δῶρον ἐδώρησαν, πῆμ' ἀνδράσιν ἀλφησῇσιν.

Lors Apollin.) Ainsi disoiét les vieus Frācois, non pas, Comme nous disons auiourdhui, Apolló. *Or son oracle,*) la puissance de predire les choses futures. Il regarde a cette anciéne Cassandre, qui, comme i'ai dit, fut prophete. *Venus son ris*) Venus est apellée par Horace, la riante,

Siue tu mauis Erycina ridens.

Hesiode l'apelle φιλομειδὴς, c'est a dire aime-ris : combien qu'aucuns baillent vne autre expositiō a ce nom, laquelle est moins honeste que vraissemblable. *Dione sa beauté.*) Dione, selon Homere au cinquième de l'Iliade, est mere a Venus. Hesiode en la Theogonie, la nombre entre les Nymphes de l'Ocean. *Pithon sa vois.*) Pithon est déesse d'eloquence, ou de persuasion, nommée par les Latins *Suada*, ou *Suadela*. *Ceres son abondance*,) Ses richesses. Hesiode sur la fin de la Theogonie raconte, que Plutus dieu des richesses fut engendré de Ceres, & d'vn nommé Iasion. *L'Aube ses dois, & ses crins deliés.*) l'Aube, qu'on nomme autrement Aurore, est louée d'auoir beaus dois, & beaus crins par les Poëtes, qui la nôment ore ῥοδοδάκτυλος, ores ἐυπλόκαμος. *Thetis donna ses piés.*) Elle est apellée en Homere, la deesse aus piés d'argent-- θεὰ Θέτις ἀργυροπέζα. *Clion sa gloire.*) Clion est vne des Muses, de laquelle le nom est deriué de la gloire, qui se nomme en Grec κλέος. *Et Pallas sa prudence.*) Pallas, autrement nommée Minerue, déesse de sagesse.

D'vn abusé ie ne seroi la fable,
Fable future au peuple suruiuant,
Si ma raison alloit bien ensuiuant
L'arrest fatal de ta voix veritable.
Chaste prophete, & vraiment pitoiable,
Pour m'auertir tu me predis souuent,
Que ie mourrai, Cassandre, en te seruant:
Mais le malheur ne te rend point croiable:
Car ton destin, qui cele mon trespas,
Et qui me force à ne te croire pas,
D'vn faus espoir tes oracles me cache.
Et si voi bien, veu l'estat ou ie suis,
Que tu dis vrai: toutefois ie ne puis
D'autour du col me dénoüer l'attache.

d.iiij.

MVRET.

D'vn abusé.) Il dit qu'au tans auenir, quand on voudra parler d'vn homme qui ait esté bien abusé par Amour, on parlera de lui, tellement qu'il sera la fable du peuple : ce qui ne lui auiendroit, s'il pouuoit aiouter foi aus oracles de sa dame, qui souuét l'admonestoit, qu'il se deportât, l'asseurant qu'il n'i gaigneroit que la perte de son tans, & l'auancement de ses iours. Mais il dit, que, bien que ce qu'elle lui predit, soit vrai, il est toutesfois forcé par vn destin a ne la croire pas. *Mais le malheur ne te rend point croiable.*) Cela depend d'vne anciene fable, qui est telle. Phœbus étoit fort amoureus de Cassandre fille a Priam. Elle apres l'auoir long tans entretenu de parolles, lui promist vn iour de se soumettre a son plaisir, s'il lui vouloit donner la puissance de predire les choses futures : ce qu'il fit. Aiant obtenu ce qu'elle vouloit, elle se moqua de lui, le refusant plus que iamais. Parquoi émeu a indignation, il ne lui ôta pas ce qu'il lui auoit donné, car les dieus ne peuuent reuoquer leurs presens : mais il lui aiouta ce malheur, qu'encores qu'elle dit vrai, iamais personne ne la croiroit : tellement que combien qu'elle predist long tás deuát, les calamités que les Troiens encourroient, s'ils receuoient Helene, & encores apres, s'ils receuoient le cheual de bois, dans lequel les Grecs estoient enclos, toutefois on ne lui aiouta iamais foi. Virgile,

Tunc etiam fatis aperit Cassandra futuris
Ora, dei iussu, non vnquam credita Teucris.

Las ie me plain de mile & mile & mile
Soupirs, qu'en vain des flancs ie vous tirant,
Heureusement mon plaisir martirant
Au fond d'vne eau qui de mes pleurs distile.

Puis ie me plain d'vn portrait inutile,
Ombre du vrai que ie suis adorant,
Et de ces yeus qui me vont deuorant
Le cœur brulé d'vne flame gentile.

Mais parsus tout ie me plain d'vn penser,
Qui trop souuent dans mon cœur fait passer
Le souuenir d'vne beauté cruelle.

Et d'vn regret qui me pallit si blanc,
Que ie n'ai plus en mes veines de sang,
Aux nerfs de force, en mes os de mouelle.

MVRET.

Las ie me plain.) Il se plaint des soupirs qu'il gette, & des pleurs qu'il repand, sans qu'ils lui seruent de rien. Il se pleint d'vn portrait de sa dame, fait par Nicolas Denisot, duquel i'ai parlé ci dessus, lequel portrait ne peut dōner suffisante allegeance a ses maus. Il se plaint des yeus, qui lui deuorent, & enflament le cœur : d'vn penser, qui perpetuellement lui represente sa dame : & d'vn regret qu'il a de se voir ainsi captif, lequel regret le fait enuieillir deuant ses iours, lui aiant ia consumé les principaus soutenemens de sa vie.

P Visse auenir, qu'vne fois ie me vange
De ce penser, qui deuore mon cœur,
Et qui touiours, comme vn lion veinqueur,
Sous soi l'etrangle, & sans pitié le mange.

Auec le tans, le tans mesme se change :
Mais ce cruel qui suçe ma vigueur,
Opiniatre au cours de sa rigueur,
En autre lieu qu'en mon cœur ne se range.

Bien est il vrai, qu'il contraint vn petit,

Durant le iour son segret apetit,
Et dans mes flancs ses griffes il n'alonge:
  Mais quand la nuit tient le iour enfermé,
Il sort en queste, & lion affamé,
De mile dens toute nuit il me ronge.

MVRET.

Puisse auenir.) Il continue encor a se complaindre de ce penser, souhétant de se pouuoir vn iour venger de lui: & s'emerueillant, veu que toutes autres choses se changent auecques le tans, comment ce seul penser ne change point de lieu, ains se renforce de iour en iour. Dit d'auantage, que ce penser ne le tormente pas si fort, par iour, comme par nuit: parce que de iour, il suruient d'autres occupations, ou compaignies, qui soulagent quelque peu sa peine. Mais la nuit, se voiant seul il se tormente tellement, qu'il lui semble que ce penser est vn lion affamé, qui de mile dens lui ronge le cœur. Il n'i a point de doute, que les amants forclos de iouissance, lors qu'ils sont retirés de nuit a leur priué, ne sentent sans comparaison plus grande facherie, que durant le iour.

Pour la douleur, qu'Amour veut que ie sente,
Ainsi que moi, Phebus, tu lamentois,
  Quant amoureus, loing du ciel tu chantois
Pres d'Ilion sus les riues de Xanthe.
  Pinçant en vain ta lyre blandissante,
Et fleurs, & flots, mal sain, tu enchantois,
Non la beauté qu'en l'ame tu sentois
Dans le plus dous d'vne plaie égrissante.
  Là de ton teint, se pallissoient les fleurs,
Et l'eau croissant' du degout de tes pleurs.

parloit tes cris,dont elle roulloit pleine.
Pour mesme nom,les fleurettes du Loir,
Pres de Vandôme, & daignent me douloir,
Et l'eau se plaindre aux soupirs de ma peine.

MVRET.

Pour la douleur.) Il cõpare son amour a celle de Phœbus,lors qu'il aimoit Cassandre fille de Priam, comme j'ai dit ci dessus. *Prés d'Ilion.*)Prés de Troie.*Xanthe.*) Fleuue pres de Troie.Homere dit,que les dieus l'apellent Xanthe,& les hommes Scamandre.

Les petis cors,culbutans de trauers,
Parmi leur cheute en biais vagabonde,
Hurtés ensemble,ont composé le monde,
S'entr'acrochans d'acrochemens diuers.

L'ennui,le soin , & les pensers ouuers,
Croisans le vain de mon amour profonde,
Ont façonné d'vne atache féconde,
Dedans mon cœur l'amoureus vniuers.

Mais s'il auient,que ces tresses orines,
Ces dois rosins, & ces mains iuoirines,
Froissent ma vie,en quoi retournera

Ce petit tout?En eau,ær,terre,ou flame?
Non,mais en vois qui touiours de ma dame
Par le grand Tout les honneurs sonnera.

MVRET.

Les petis cors.)Empedocle,Epicure , & leurs sectateurs constituoient deus principes de toutes choses, c'est a sauoir le vuide,& les petis cors , qu'ils nõmoient Atomes.Et disoient,que ces petis cors tomboient naturellemẽt par le vuide, tout droit en bas:excepté qu'ils al-

44　LES AMOVRS
loiét quelque fois vn peu de trauers, affin de s'entraccrocher. Et que par l'aſſemblement fortuit d'iceus, & le monde, & toutes choſes en icellui contenues auoient eſté compoſées: comme on peut voir dans Lucrece, & dans Ciceron en pluſieurs lieus. Le Poete dit, qu'en telle ſorte, ſe ſont aſſemblés dans lui comme de petits cors d'affeċtions, leſquels *croiſans le*, *vain* c'eſt a dire, tombans de trauers par le vuide de ſon amour, ont bâti, & faconné dans ſon cœur, vn vniuers, c'eſt a dire, vn monde amoureus. Or les filoſofes diſent que quand vne choſe compoſée vient à ſe reſoudre, les parties qui tenoient du feu, retournent en feu: celles qui tenoient de l'ær, retournent en ær, & ainſi des autres: Il demáde donc, s'il auient, que les beautés de ſa dame le facent mourir, en quoi retournera ce petit vniuers amoureus, qu'il a dans le cœur, Et reſpond, qu'il ne retournera en ær, en terre, en eau, ni en feu, mais ſeulement en vne vois, qui eternellemét publira les louanges de ſa dame par tout le monde. *Parmi leur cheute..*) Par leur cheute. Parmi, en lieu de, par, eſt vn mot Vandomois, non toutefois a reietter: car comme les Poetes Grecs ont librement vſé des Dialeċtes, c'eſt a dire, des differences de la langue Greque, ainſi faut il permettre aus Francois, qu'ils vſent, auec modeſtie, de celles de la langue Francoiſe, ſi nous voulons la tirer hors d'enfance. *Ces treſſes orines.*) Ces cheueus d'or. Orin, roſin, iuoirin, & tels autres mots ſont de l'inuenrion de Ian Antoine de Baïf.

Dous fut le trait, qu'Amour hors de ſa trouſſe,
Pour me tuer, me tira doucement,
　Quant ie fu pris au dous commencement
D'vne douceur ſi doucettement douce.
　Dous eſt ſon ris, & ſa voix qui me pouſſe

*L'ame du cors, pour errer lentement
Deuant son chant marié gentement
Auec mes vers animés de son pouce.*

*Telle douceur de sa vois coulé à bas,
Que sans l'ouir vraiment on ne sait pas,
Comme en ses rets Amour nous encordelle.*

*Sans l'ouir, di-ie, Amour mesme enchanter,
Doucement rire, & doucement chanter,
Et moi mourir doucement aupres d'elle.*

MVRET.

Dous fut le trait.) Il amplifie la douceur de son amour, & de sa dame. Ici peut on noter l'inconstance perpetuelle cōpaigne des amoureus, qui fait, qu'en vn mesme moment, ils iugent l'amour plusdouce que miel, & plus amere qu'aluine. *Sa vois qui me pousse L'ame du cors.*) Qui fait que mon ame me laisse pour suiure son chant. *Marié gentement Auec mes vers animés de son pouce.*) Il veut dire, que Cassandre iouant du Luth, chātoit des vers, qu'il auoit faits, & le faisoit d'vne si bonne grace, mignardemēt pinsetant les cordes, qu'elle sembloit leur donner l'ame. *Telle douceur.*) C'est vne imitation de Petrarque,

*Non sa com' Amor sana, & com' ancide,
Chi non sa, come dolce ella sospira,
E come dolce parla, e dolce ride.*

Pleut il a dieu, n'auoir iamais tâté
  Si follement le tetin de m'amie!
*Sans lui vraimēt l'autre plus grande enuie,
Helas! ne m'eut, ne m'eut iamais tanté,
  Comme vn poisson, pour s'estre trop hâté,*

Par vn apât, suit la fin de sa vie,
Ainsi ie vois, ou la mort me conuie,
D'vn beau tetin doucement apâté.
   Qui eut pensé, que le cruel destin
Eut enfermé sous vn si beau tetin
Vn si grand feu, pour m'en faire la proïe?
   Auisés donc, quel seroit le coucher
Entre ses bras, puis qu'vn simple toucher,
De mile mors, innocent, me foudroïe.

MVRET.

Pleut il a dieu.) Il se repent d'auoir touché le tetin de sa dame, parce que dela s'est échaufé dans son cœur vn si grand desir de plus grand bien, que pour ne le pouuoir executer, il soufre vn torment égal a mile mors.

Contre mon gré l'atrait de tes beaus yeus
   Donte mon cœur, mais quand ie te veus dire
   Quell' est ma mort, tu ne t'en fais que rire,
Et de mon mal tu as le cœur ioïeus.
   Puis qu'en t'aimant ie ne puis auoir mieus,
Soufre du moins que pour toi ie soupire,
Assés & trop, ton bel œil me martire,
Sans te moquer de mon mal soucieus.
   Moquer mon mal, rire de ma douleur,
Par vn dedain redoubler mon malheur,
Haïr qui t'aime, & viure de ses pleintes,
   Rompre ta foi, moquer de ton deuoir,
Cela, cruelle, & n'est-ce pas auoir
Tes mains de sang, & d'homicide teintes?

DE P. DE RONSARD. 47

MVRET.

Contre mon gré.) Il se plaint de la cruauté de sa dame, laquelle non seullement n'a point pitié des maus qu'il soufre, ains encor se moque de ses plaintes. *Moquer mon mal.*) La sentence est de Properce,

Mentiri noctem, promissis ducere amantem,
Hoc erit infectas sanguine habere manus.

Manquer.) Faillir. Mot prins de l'Italien.

HA, Seigneur dieu, que de graces écloses
Dans le iardin de ce sein verdelet,
Enflent le rond de deus gaZons de lait,
Ou des Amours les fléches sont encloses!

Ie me transforme en cent metamorfoses,
Quant ie te voi, petit mont iumelet,
Ains, du printans vn rosier nouuelet,
Qui le matin bienueigne de ses roses.

S'Europe auoit l'estomac aussi beau,
De t'estre fait, Iuppiter, vn toreau,
Ie te pardonne. Hé, que ne sui'-ie puce!

La baisotant, tous les iours ie mordroi
ses beaus tetins, mais la nuit ie voudroi
Que rechanger en homme ie me pusse.

MVRET.

Ha, Seigneur dieu.) L'argument est assés aisé de soi. *De ce sein verdelet.*) Non encore meur. Les Italiens disent *Acerbe poppe*, tetins verdelets, & qui peu a peu cômencent a s'enfler. Ainsi ai-ie leu dans quelque Epigrame Grec, ὄμφακα μαϛὸν. Les Latins disent pour cela. *Papillas sororiantes*, ou autrement *papillas gemipomas*.)

48 LES AMOVRS

Les Grecs expriment le mesme par le verbe, ῥυδωνίῃ. *Deus gasons.*)Deus tetins. *Ains du printans*) Il se reprend de l'auoir apelé, mont, & dit, qu'il le faut plutôt apeler, vn rosier *Bienueigne.*) Bienueigner est recueillir quelcun a sa venue, & le caresser *De t'estre fait, Iuppiter, vn toreau, ie te pardonne.*) Prins de Properce,
Iuppiter, ignosco pristina furta tua.

Q Vand au matin ma Deesse s'abille,
D'vn riche or crespe, ombrageant ses talōs,
Et que les rets de ses beaus cheueus blondz
En cent façons énnonde & entortille:
Ie l'acompare a l'escumiere fille,
Qui or pignant les siens iaunement lons,
Or les ridant en mille crespillons
Nageoit abord dedans vne coquille.

De femme humaine encore ne sont pas,
Son ris, son front, ses gestes, ni ses pas,
Ni de ses yeus l'vne & l'autre chandelle.

Rocs, eaus, ni bois, ne celent point en eus
Nymphe, qui ait si follâtres cheueus,
Ni l'œil si beau, ni la bouche si belle.

MVRET.

Quand au matin.) Quand il voit sa dame s'abillant au matin, il la compare a Venus, lors qu'elle sortoit de la mer: & ce parce que tout ce qui est en elle, est diuin, & ne tient rien d'humanité. *D'vn riche or crespe.*)De ses cheueus. *A l'escumiere fille.*) A Venus. Hesiode raconte en la Theogonie, que Saturne fils du Ciel & de la Terre, par la suasion de sa mere, coupa les genitoires à son pere, & les geta dans la mer: & que de l'escume qui sortit diceus, meslée auec l'eau de la mer, Venus fut engendrée: d'ou est qu'on l'apele ἀφροδίτη, c'est a dire escumiere: car ἀφρὸς signifie l'escume. Elle est nommée aussi φιλομηδὴς, qui est a dire, aimant les genitoires, parce que de lescume d'iceus elle fut faite. Le premier lieu, ou elle aborda fut Cytheres, & dela en Cypre: d'ou elle est nommée Cytherée, & Cyprienne. A cette cause les anciens auoient souuent coutume de la paindre, comme fréchement née de la mer, & nageante a bord dans vne coquille: & nommoient cette peinture, κύπρις ἀναδυομένη. On dit qu'Alexandre le grand en fit faire vn tableau par Apelle prince de tous les peintres qui iamais furent: & que pour l'inciter a mieus faire, il lui en fit prendre le portrait sur vne sienne garse belle a merueilles: laquelle il lui fit voir toute nue: & depuis s'apperceuant que le peintre cōtemplant cette garse a son plaisir, en etoit deuenu amoureus, lui en fit vn present. Ainsi le raconte Pline. Sur cette peinture ont esté faits beaucoup d'Epigrames Grecs: desquels i'en ai mis ici vn de Leonide, qni m'a semblé merueilleusement gentil.

Τὰν ἐκφυγοῦσαν ματρὸς ἐκ κόλπων ἔτι,
Ἀφρῷ τε μορμύρουσαν εὐλεχῆ Κύπριν
Εἰδὼς Ἀπελλῆς κάλλος ἱμερώτατον
Οὐ γραπτὸν, ἀλλ' ἔμψυχον ἐξεμάξατο.
Εὖ μὲν γὰρ ἄκραις χερσὶν ἐκθλίβει κόμαν,
Εὖ δ' ὀμμάτων γαληνὸς ἐκλάμπει πόθος,
Καὶ μαζὸς ἀκμῆς ἄγγελος κυδωνιᾷ.
Αὐτὰ δ' Ἀθάνα καὶ Διὸς συνευνέτις
Φάσουσιν, ὦ Ζεῦ, λειπόμεσθα τῇ κρίσει.

Baïf aussi a la fin de ses Amours a touché cette fable, disant,

O de l'ecume la fille,
Qui dessus vne coquille
Abord a Cytheres vins
Pressurer ta tresse blonde

Encores moite de l'onde,
L'oignant de parfums diuins.
Et Tibulle. *Et faueas concha Cypria vecta tua.* De femme humaine.) Telle est la fin d'vn Sonet Italien fait par Messer Lelio Capilupi,
Di mortal donna non son l'auree e bionde
Chiome di lei, ne'l parlar dolce e'l riso,
L'habito, i passi, e le serene ciglia.
Selue vmbrose, alti monti, e limpide onde
Non celan Nympha di sì chiaro viso,
Ne di guancia si bianca, è si vermiglia.

AVec les lis, les œillés mesliés
N'egalent point le pourpre de sa face:
Ni l'or filé ses cheueux ne surpasse,
Ore tressés & ore deliés.

De ses courans en voute repliés
Nait le dous ris qui mes soucis efface:
Et çà & là par tout ou elle passe,
Vn pré de fleurs s'émaille sous ses piés.

D'ambre & de musq sa bouche est toute pleine,
Que dirai plus? I'ai veu dedans la plaine,
Lors que plus fort le ciel vouloit tancer,

Cent fois son œil, qui des Dieus s'est fait maistre,
De Iuppiter rasserener la destre,
Ia ia courbé pour sa foudre élancer.

M V R E T.

Auec les lis.) Il raconte les merueilleus effets de la diuine beauté de sa dame. *Mesliés.*) Meslés, Mot Vandomois. *Ni l'or filé.*) Ainsi dit vn Italien nommé Antonio Francesco Rinieri,
Polito or puro al Sol fiammeggia in vano
Al par de be capegli, hor cinti, hor sciolti,

vn pré de fleurs.) Semblable est la fiction d'Hesiode parlant de Venus,

Ἐκ δ' ἔβη αἰδοίη καλὴ θεός, ἀμφὶ δὲ ποίη
Ποσὶν ὑπὸ ῥαδινοῖσιν ἀέξετο.

Ia ia courbé.) Ce geste de Iuppiter se courbant pour plus roide lancer la foudre, est diuinement decrit au cinquiême des Odes,

 Adonc le Pere puissant,
 Qui d'os & de nerfs s'eforce,
 Ne mit en oubli la force
 De son foudre punissant.
 Mi-courbant son sein en bas,
 Et dressant bien haut le bras
 Contre eus guigna sa tempeste,
 Laquelle en les foudroiant,
 Sifloit aigu, tournoiant
 Comme vn fuseau, sus leur teste.

ORes l'effroi & ores l'esperance,
Deça dela se campent en mon cœur,
Or l'vne vainq, ores l'autre est vainqueur,
Pareils en force & en perseuerance.
 Ores douteus, ores plain d'asseurance,
Entre l'espoir & le froid de la peur,
Heureusement de moi mesme trompeur,
Au cœur captif ie promets deliurance.
 Verrai-ie point auant mourir le tans,
Que ie tondrai la fleur de son printans,
Sous qui ma vie à l'ombrage demeure?
 Verrai-ie point qu'en ses bras enlaßé,
De trop combatre honnestement laßé,
Honnestement entre ses bras ie meure?

e.ij.

LES AMOVRS
MVRET.

ores l'effroi.) Il dit que la peur, & l'esperãce se combatent perpetuelement dans son esprit. Apres il souhéte de iouir vn iour de sa dame, & de mourir entre ses bras. *Que ie tondrai la fleur de son printans.*) Que ie iouirai d'elle. La locution est prise de Pindare aus Pythies, ὁσία κλυτὰν χέρα οἱ προσενεγκεῖν, ἦ ῥὰ καὶ ἐκ λεχέων κεῖρον μελιηδέα ποίαν; *Honnestemẽt entre ses bras ie meure.*) Selon ce que dit Petrarque, *vn bel morir tutta la vita honora.*) Et Virgile. *Pulchrúmque mori succurrit in armis.*) Et Tyrtæe,

Τεθνάμεναι γὰρ καλὸν ἐπὶ προμάχοισι πεσόντα
Ἄνδρα ἀγαθόν.

Telle mort se souhétoit Ouide disant,

At mihi contingat Veneris languescere motu,
Cum moriar, medium soluar & inter opus.
Atque aliquis nostro lacrymans in funere dicat,
Conueniens vitæ mors fuit ista tuæ.

Et en vn autre lieu,

Di faciant, lethi causa sit ista mei.

IE voudrois estre Ixion & Tantale,
Dessus la roüe, & dans les eaus la bas :
Et quelque fois presser entre mes bras
Cette beauté qui les anges egale.
S'ainsin étoit, toute peine fatale
Me seroit douce, & ne me chaudroit pas,
Non d'vn vautour fussai-ie le repas,
Non, qui le roc remonte & redeuale.
Lui tatonner seulement le tetin
Eshangeroit l'oscur de mon destin
Au sort meilleur des princes de l'Asie :

Vn demidieu me feroit son baiser,
Et flanc a flanc entre ses bras m'aiser,
Vn de ceus la qui mengent l'Ambrosie.

MVRET.

Ie voudroi estre.) Il dit qu'il seroit content d'endurer les plus grieues peines, que les poetes disent estre aus enfers, a telle condition, qu'il peust quelque fois iouir de sa dame. Parce que le seul atouchement du tetin, le feroit aussi heureus qu'vn prince: le baiser, le feroit de-midieu: & le dernier point, le feroit aussi heureus que les dieus mesmes. *Ixion.*) Ixion, comme raconte Didyme sur le vintuniême de l'Odyssée, fut fils a Iuppiter. Les interpretes de Pindare disent, qu'il épousa vne nommée Die, de laquelle le pere eut a nom Deïonée. Or la coutume étoit anciénement, que les nouueaus mariés faisoient de beaus presens, a ceus desquels ils epousoient les filles. Ixion, qui étoit de mechante nature, pria son beau pere de venir banqueter en sa maison, &, la suiuant la coutume, receuoir les presens. Ce pendant il fit vn grand creus a l'entrée du lieu ou se de-uoit faire le festin, & l'aiant répli de charbons ardans, & couuert quelque peu par le dessus, fit malicieusemét tomber ce pauure homme la dedans, & i mourir miserablement. L'horreur de ce crime mit Ixion en si grande haine & des dieus & des hommes, que par vn long tans il erroit ça & la vagabond, ne trouuant personne, qui le voulût receuoir. En fin Iuppiter aiant pitié de lui, le purgea de ce forfait, & le fit venir au ciel: mesmes lui porta bien tant de faueur, qu'il le faisoit ordinairement boire & menger a sa table. Pour cela toutefois sa malice ne fut aucunement corrigée. Ains vn iour entre autres, s'êtant bien enyuré de Nectar, & soulé d'Ambrosie, il fut bié si presuntueus que de s'adresser a Iunó, & lui tenir propos deshonestes: voire iusqu'a la presser

e.iij.

de son honneur. Elle grandement courroucée, en fit le raport a Iuppiter: qui pour le commécement eut soupson, que sa femme eut côtrouué cela, a cause de la haine qu'elle portoit a tous ceus qu'il auoit engendrés d'autre que d'elle. Parquoi voulut par certaine experience en sauoir la verité. Si print vne nuée, de laquelle il fit vne image moult ressemblante a Iunon, & la mit en la chambre ou Ixion souloit se retirer. Lequel pensant au vrai de cette image, que ce fut Iunon, acomplit son desordonné vouloir auec elle: & dit on que dela naquirét les Centaures, qui furent a demi hommes, à demi cheuaus. A cette cause Iuppiter, ne le pouuant faire mourir (parce qu'il auoit mangé de l'Ambrosie) l'enuoia tout vif aus enfers, & le fit par les mains, & par les piés atacher a vne roue, qui tourne perpetuellement : ou il est encor, criant aus hommes, qu'ils aprenent par son exemple, a ne rendre pas mal pour bien, ains a rendre la pareille a ceus qui leur auront fait plaisir. Voi Didyme tout a la fin du vintuniéme de l'Odyssée, & Pindare en l'Ode seconde des Pythies. *Et Tantale.*) On raconte diuerses choses de Tantale. Les vns disent, qu'il fut admis au banquet des dieus, & qu'il déroba du Nectar, & de l'Ambrosie, pour en donner aus hommes qui auoiét coutume de banqueter auecques lui. Cela raconte Pindare aus Olympies. Les autres, comme Euripide, qu'il reuela les secrets des dieus aus hômes. D'autres encor, comme vn des interpretes de Pindare, qu'on lui auoit donné en garde vn chien, qui étoit cômis a la garde du temple de Iuppiter en Candie, & en auoit esté derobé, & que quand Iuppiter l'enuoia querir par Mercure, il lui dit, qu'il ne l'auoit pas. On dit ausi, que voulant fetoier les dieus, il detrécha par pieces vn sien fils nómé Pelops, & l'aiant fait cuire leur en voulut faire méger. Aussi grande est la varieté des sentéces, quāt a la peine qu'il soufre. Les vns disent, que Iuppiter l'acabla d'vne môtaigne nommée Sipyle. Les autres, qu'il est aus enfers pendu en l'ær, aiant vne grosse pierre sur sa teste, touiours côme preste a choir: & que parainsi il est tourmenté par vne continuelle crainte. Les autres, desquels l'opinion est fondée sur l'autorité d'Homere dans l'vnsiéme de l'Odyssée, & de tous plus cômunemét receue, disent qu'il est dans l'eau' iusqu'au menton, & des qu'il se veut baisser, pour etacher sa soif, l'eau s'en fuit si bié, qu'il n'en sauroit prendre vne goute. Disent dauatage, qu'il est entourné de beaus arbres, côme pômiers, poiriers, grenadiers, & tels autres, qui lui aportent le fruit tout aupres des mains, & quád il en cuide prédre, les arbres se haussét soudain, tellemét qu'il n'i peut ataindre. *S'ainsin étoit.*) Si ainsi etoit. Ainsin pour ainsi, a cause de la voielle qui s'ensuit: a la maniere des Grecs, qui disent ἐςὶν pour ἐςί. & Γλαῦκος ἔπικτεν ἀμύμονα Βελλεροφόντω, pour ἔπικτε, & ainsi des autres. *Nõ d'vn vautour fussai-ie le repas.*) Non, quád bien vn vautour se deuroit repaitre de moi, côme on dit, qu'il fait de Titye: duquel les Poëtes disent, q pour auoir voulu forcer Latone, il fut tué a cous de sagettes par Apollõ & Diane: & apres, aus enfers etendu de son long: & dit on, qu'il couure de son cors quatre arpens & demi de terre: la ou deus vautours (les autres n'i en mettent qu'vn) lui rongent perpetuellement le foie. Homere en fait mention dans l'vnsiéme de l'Odyssée. Pindare aus Pythies, Vergile au sisiéme, & plusieurs autres. *Non, qui le roc remonte & redeuale.*) C'est a dire, non, fussai-ie celui, qui remonte & redeuale le roc. Cette maniere de parler n'est pas encor vsitée entre les Francois: mais elle est diuinement bonne toutefois, & poëtique autant qu'il est possible. *Non, qui le roc.*) Il entend Sisyphe, lequel Homere dit auoir esté le plus fin homme de tous ceus qui iamais furent. Estant pres de sa mort, il donna charge a sa femme, qu'elle ne le fit point enseuelir. Apres estre arriué aus enfers, il se vint plaindre a Pluton, disant que sa femme ne tenoit côte de mettre son cors en terre: & fit tant par ses parolles que Pluton lui donna congé de sortir & reuenir encor' au monde, pour tencer & punir sa femme, de cette negligēce. Depuis qu'il fut vne fois sorti, il n'i vouloit plus retourner, iusqu'a ce que Mercure vint qui l'i ramena par force. Pour punition de cette tromperie, il fut condanné a porter vne grosse pierre au plus haut d'vne montaigne. Mais lors qu'il est presque paruenu au sommet, la pierre retôbe en bas: tellement que par ce moien sa peine est infinie. Ainsi le recite Demetrie sur les Olympies de Pindare. Le commétaire sur le sisiême de l'Iliade le recite encor autrement: mais ie n'auroi iamais fait, si ie vouloi' tout poursuiure. *L'oscur de mon destin.*) Ma condition, qui pour cette heure est basse & oscure. *Au sort meilleur des princes de l'Asie.*) Qui est le plus fertile, & le plus riche païs du monde. Ainsi Horace voulant dire, qu'il auoit esté quelque fois fort heureus, dit, qu'il a esté plus heureus que le roi des Perses,

Persarum vigui rege beatior.

Vn demi-dieu me feroit son baiser.) Cette fin est prise d'vn epigramme Grec de Rufin,

Ὄμματ' ἔχεις Ἥρης, Νελίτη, τὰς χεῖρας Ἀθήνης,
Τοὺς μασοὺς Παφίης, τὰ σφυρὰ τῆς Θέτιδος.
Εὐδαίμων ὁ βλέπων σε, τρισόλβιος ὅς τις ἀκούει,
Ἡμίθεος δ' ὁ φιλῶν, ἀθάνατος δ' ὁ συνών.

L'epigrame entier a esté tourné par Baïf au premier liure des Amours.

Amour me tue, & si ie ne veus dire
Le plaisant mal que ce m'est de mourir:
Tant i'ai grand peur, qu'on veuille secourir
Le mal, par qui doucement ie soupire.

Il est bien vrai, que ma langueur desire,
Qu'auec le tans ie me puisse guerir:
Mais ie ne veus ma dame requerir
Pour ma santé: tant me plaist mon martire.

T'ai toi langueur: ie sen venir le iour,
Que ma maistresse, apres si long seiour,
Voiant le soin, qui ronge ma pensée,

Toute vne nuit, folatrement m'aiant
Entre ses bras, prodigue, ira paiant
Les interés de ma peine auancée.

MVRET.

Amour me tue.) Il reçoit tant de mal en aimāt, qu'il en meurt: & prend toutefois tāt de plaisir en son torment qu'il ne veut point demāder secours, ains atendre, qu'a la fin sa dame, de son bon gré, le recōpēse. *Ira paiant*, paiera. Cette maniere de parler est cōmune aux Grecs & aus Francois, comme enseigne Budé aus Commentaires de la langue Greque.

IE veus mourir pour tes beautés, Maistresse,
Pour ce bel œil, qui me prit a son hain,
  Pour ce dous ris, pour ce baiser tout plein
D'ambre, & de musq, baiser d'vne Deesse.

Ie veus mourir pour cette blonde tresse,
Pour l'embonpoint de ce trop chaste sein,
Pour la rigueur de cette douce main,
Qui tout d'vn coup me guerit & me blesse.

Ie veus mourir pour le brun de ce teint,
Pour ce maintien, qui, diuin, me contreint
De trop aimer: mais par sus toute chose,

Ie veus mourir es amoureus combas,
Souflant l'amour, qu'au cœur ie porte enclose,
Toute vne nuit, au millieu de tes bras.

MVRET.

Ie veus mourir.) Il dit, qu'il est content de mourir pour les beautés & bonnes graces de sa dame, lesquelles il poursuit particulierement. Mais que sur tout il souhéte de mourir, combatant per a per, en camp clos, auec elle. *Qui tout d'vn coup me guerit & me blesse.* Cette figure s'apelle en Grec ὕστερον πρότερον. Il i a vne allusion a vne fable d'Achile, laquelle ie racôterai ailleurs plus commodement. *Pour le brun de ce teint,*) Pour ce teint brun. Locution Greque.

Dame, depuis que la premiere fleche
De ton bel œil m'auança la douleur,
Et que sa blanche & sa noire couleur,
Forçant ma force, au cœur me firent breche:
Ie sen touiours vne amoureuse meche,
Qui se ralume au millieu de mon cœur,
Dont le beau rai (ainsi comme vne fleur
S'ecoule au chaut) dessus le pié me seche.
Ni nuit, ne iour, ie ne fai que songer,
Limer mon cœur, le mordre, & le ronger,
Priant Amour, qu'il me tranche la vie:
Mais lui, qui rit du torment qui me point,
Plus ie l'apelle, & plus ie le conuie,
Plus fait le sourd, & ne me repond point.

MVRET.

Dame depuis.) Tout ce Sonet est assés facile de soi,

DE P. DE RONSARD.

NI de son chef le tresor crépelu,
Ni de sa ioüe vne & l'autre fossette,
Ni l'embonpoint de sa gorge grassette,
Ni son menton rondement fosselu,
 Ni son bel œil que les miens ont voulu
Choisir pour prince a mon ame sugette,
Ni son beau sein, dont l'Archerot me gette
Le plus agu de son trait émoulu,
 Ni de son ris les miliers de Charites,
Ni ses beautés en mile cœurs ecrites
N'ont esclaué ma libre affection.
 Seul son esprit, ou tout le ciel abonde,
Et les torrens de sa douce faconde
Me font mourir pour sa perfection.

MVRET.

Ni de son chef.) Il dit qu'il na point esté asserui par les beautés corporelles de sa dame, ains seullement par le bon esprit, & par l'eloquence qui est en elle. *Le tresor crépelu,*) Le poil mignonnement frisé. *Vne & l'autre fossette.* C'est vne chose bié seante aus damoiselles, lors qu'elles mignardent leur ris, de faire deus petites fosselettes aus deus côtés de la bouche. Ouide, homme bien entendu en telles affaires, le commande,

Sint modici rictus, paruæq; vtrinq; lacuna,
 Et summos dentes ima labella tegant.

l'Archerot,) Amour. *De Charites,* de graces. *Esclaué,* asserui.

MOn dieu, mõ dieu, q̃ ma maistresse est belle!
Soit q̃ i'admire ou ses yeus, mes seigneurs,
 Ou de son front les dous graues honneurs,
Ou l'Orient de sa leure iumelle.

Mon dieu, mon dieu, que ma dame est cruelle!
Soit qu'vn raport rengrege mes douleurs,
Soit qu'vn depit parannise mes pleurs,
Soit qu'vn refus mes plaies renouuelle.
Ainsi le miel de sa douce beauté
Nourrit mon cœur: ainsi sa cruauté
D'aluine amere enamere ma vie.
Ainsi repeu d'vn si diuers repas,
Ores ie vi, ores ie ne vi pas,
Egal au sort des freres d'OEbalie.
MVRET.
Mon dieu, mõ dieu.) Il s'emerueille de deus choses en sa dame: c'est a sauoir, de la beauté, & de la cruauté: disant que cette la le fait viure, cette ci le fait mourir. *Dous graues,*) doucemẽt graues. Mot composé a la maniere des Grecs. *Ou l'orient,*) la couleur aussi vermeille, qu'est celle de l'Aurore. On pourroit aussi entendre par l'orient, la bonne odeur, parce que les plus exquises senteurs sont aportées du païs d'Orient. *Parannise,*) rende perpetuels. Paraniser est ce que les Latins disent, *Perennare*, Mot nouueau. *D'aluine.*) C'est vne herbe fort amere. Quelques vns tienent, que c'est celle, que les Latins apellẽt, *Absynthium*. *E namere ma vie,*) la rend amere. Enamerer, est ce que les Grecs disent, πικροῦν. *Egal au sort des freres d'OEbalie.*) Estant egal a Castor & a Pollux, qui viuẽt par renc. Ces deus furent fils a Lede: mais Pollux fut conceu de la semence de Iuppiter: Castor, de celle de Tyndarée. Parainsi Pollux étoit immortel: Castor, mortel. Auint que Castor fut tué par Meleagre, ou, comme les autres disent, par Polynice. Pollux fut de telle amour vers son frere, qu'il pria Iuppiter lui permetre, de partir son immortalité aueques lui. Ce qui lui fut accordé: tellement

DE P. DE RONSARD. 61

qu'ils viuent & sont au ciel par renc l'vn apres l'autre. Homere,

Καὶ Λήδην ἄιδον Ἀλκμήνη Τυνδαρέω παράκοιτιν,
Ἥ ῥ' ὑπὸ Τυνδαρέῳ κρατερόφρον' ἐγείνατο παῖδε,
Κάστορά θ' ἱππόδαμον, κ, πὺξ ἀγαθὸν Πολυδεύκεα.
Τοὺς ἄμφω ζωοὺς κατέχει φυσίζοος αἶα,
Οἳ καὶ νέρθεν γῆς τιμὴν πρὸς Ζηνὸς ἔχοντες
Ἄλλοτε μὲν ζώουσ' ἐτερήμεροι, ἄλλοτε δ' αὖτε
Τεθνᾶσιν, τιμὴν δὲ λελόγχασιν ἶσα θεοῖσι.

O Ebalie est vn païs de Grece, autrement dit Laconie.

Cent fois le iour, a part moi ie repense,
Que c'est qu'Amour, quelle humeur l'entretient,
Quel est son arc, & quelle place il tient
Dedans nos cœurs, & qu'elle est son essence.
Ie conoi bien des astres la puissance,
Ie sai, comment la mer fuit, & reuient,
Comme en son Tout le Monde se contient :
De lui sans plus me fuit la conoissance.
Si sai-ie bien, que c'est vn puissant Dieu,
Et que, mobile, ores il prend son lieu
Dedans mon cœur, & ores dans mes veines :
Et que depuis qu'en sa douce prison
Dessous mes sens fit serue ma raison,
Touiours, mal sain, ie n'ai langui qu'en peines.

MVRET.

Cent fois le iour.) Il dit, qu'il ne peut aucunemēt comprédre la nature & l'essence d'Amour : mais que quant a la puissance d'icelui, il l'experimente assés en soi.

Mile, vraiment, & mile voudroient bien,
Et mile encor, ma guerriere Cassandre,
Qu'en te laissant, ie me voulusse rendre
Franc de ton ret, pour vivre en leur lien.

Las! mais mon cœur, ainçois qui n'est plus mien,
Comme un vrai serf, ne sauroit plus entendre
A qui l'apelle, & mieus voudroit atendre
Dis mille mors, qu'il fut autre que tien.

Tant que la rose en l'épine naitra,
Tant que sous l'eau la balene paitra,
Tant que les cerfs aimeront les ramées,

Et tant qu'Amour se nourrira de pleurs,
Touiours au cœur ton nom, & tes valeurs,
Et tes beautés me seront imprimées.

MVRET.

Mile, vraiment.) Il n'i à rien en ce Sonet, qui ne soit
assés aisé de soi.

Vant qu'Amour, du Chaos ocieus
Ouurist le sein, qui couuoit la lumiere,
Auec la terre, auec l'onde premiere,
Sans art, sans forme, estoient brouillés les cieus.

Ainsi mon Tout erroit seditieus
Dans le giron de ma lourde matiere,
Sans art, sans forme, & sans figure entiere:
Alors qu'Amour le perça de ses yeus.

Il arrondit de mes affections
Les petis cors en leurs perfections,
Il anima mes pensers de sa flame:

DE P. DE RONSARD. 63

Il me donna la vie, & le pouuoir,
Et de son branle il fit d'ordre mouuoir
Les pas suiuis du globe de mon ame.

MVRET.

Auant qu' Amour.) Les Poëtes, comme Orphée, Hesiode, Ouide, & autres, disent, que deuant que le ciel, le feu, l'ær, l'eau, & la terre fussent faits, les semences & les formes de toutes ces choses la étoient meslées, & confondues, en vne lourde, oscure, pesante, & immobile masse, qu'ils nomment Chaos. De cette masse, ainsi que dit Orphée, Amour sortit le premier, lequel par apres separa les parties du Chaos, assignant a chacune d'icelles son lieu propre, & donnant a chacune chose sa forme. Ainsi dit nôtre auteur, que son esprit étoit morne & assoupi dãs son cors, sans forme, & sans mouuement aucun, auparauant qu'il fut amoureus. Et que ce fut Amour, qui premier desmesla cette confusion, & qui lui donna vie, & mouuemét. Ce qu'il dit ici de l'Amour, quant a la separation des parties du Chaos, il le dit en vn autre lieu, de la Pais, parce qu'Amour, Pais, & Amitié, se prenent quelque fois l'vn pour l'autre. D'ou est que Cyre Theodore en vn dialogue Grec nommé l'Amitié bannie, dit de l'Amitié, cela mesme que nous disons ici de l'Amour. *Du Chaos.*) Chaos en Grec sinifie confusion. *Ocieus.* Il prend ocieus pour ce que les Latins disent, *iners*. Ouide,

Nec quicquam, nisi pondus iners, congestáque eodem
Non bene iunctarum discordia semina rerum.

Qui couuoit la lumiere,) Qui tenoit la lumiere enclose.
Ainsi mon Tout.) C'est a dire toutes les parties de mon esprit étoient meslées & confondues. *Dans le giron de ma lourde matiere,*) Dans mon cors. *Il arrondit.* Il parle des affections tout ainsi que si elles étoient corporelles. Et de fait, quelques anciens ont pensé nos ames

estre composées de petis cors rondelets. La dispute en est dans Lucrece au troisiême liure. *Et de son branle il fit d'ordre mouuoir Les pas suiuis du globe de mon ame.)* C'est a dire : & donna le premier mouuement a mon ame. On pourroit ici disputer, si l'ame a mouuement, ou non: & si elle en a, quel il est. Car Platon tient, que l'ame est principe de mouuement, & qu'elle mesmes est en vn mouuement perpetuel. Aristote côfesse bien qu'aus choses animées elle est principe de mouuemét, mais que toutefois elle ne se meut aucunement de soi-mesmes, ains seulemét par accidét, & aueques le cors, comme le nautonnier aueques la nauire. Quelques hômes de sauoir, s'efforcent les accorder, disans le mot de mouuement se prendre autrement en l'vn & autrement en l'autre. Mais nous remetrons ces disputes au tans, que nous aurons suffisant loisir pour paracheuer le liure des Discours Filosofiques en langue vulgaire, ia par nous commencé. Maintenant reuenons a nôtre auteur. Il dit, *Le globe de son ame,*) Parce que combien que l'ame étant incorporelle, ne peut auoir figure né ronde, ne quarrée, ni autre: si est-ce toutefois, qu'elle a quelque affinité aueques le rond. Car le mouuement du rôd se retourne en soi mesmes: & si fait aussi le mouuement de l'ame, si mouuement le faut apeler. Pour entendre ceci, consideron, que l'œil void bien toutes autres choses, mais il ne peut pas voir soi-mesme. Par ainsi son mouuement, c'est adire, son action, ne retourne pas en soi: ains s'estend seulemét aus autres choses. Mais l'ame non seulement peut entédre la nature des autres choses, ains aussi sa nature mesme : qui est vn grand argument pour l'immortalité. De la est, que saint Denis au premier liure des noms diuins, dit le mou-

Aristote au liure des questiõs Mechaniques, qui a cette cause dit le cercle estre principe des merueilles.

Par ne sai quelle estrange inimitié,
J'ai veu tomber mon esperance à terre,
Non de rocher, mais tendre comme verre,
Et mes desirs rompre par la moitié.
Dame ou le ciel logea mon amitié,
Pour vn flateur qui si lachement erre,
Et pourquoi tant me brasses tu de guerre,
Priuant mon cœur de ta douce pitié?
Or s'il te plait, fai moi languir en peine,
Tant que la mort me desnerue & desueine,
Je serai tien: Et plus tôt le Chaos
Se troublera de sa noise ancienne,
Que par rigueur, autre amour que la tienne,
Sous autre iou me captiue le dos.

MVRET.

Par ne sai quelle.) Il se plaint, que pour vn faus raport, sa dame étoit courroussée contre lui, l'asseurant toutefois, que, quelque torment qu'elle lui sache donner, il n'aimera iamais autre qu'elle. Le commencement est pris de la fin d'vn Sonet de Petrarque, qui est telle,

> Lasso, non di diamante, ma d'vn vetro
> Veggio di man cadermi ogni speranza
> E tutt' i miei pensier romper nel mezzo.

Desnerue, & desueine,) Mos faits a l'imitation de Petrarque.

f i.

LES AMOVRS

O Dous parler, dont l'apât doucereus
Nourrit encor la faim de ma memoire,
O front, d'Amour le Trofée & la gloire,
O ris sucrés, O baisers sauoureus:
 O cheueus d'or, O coutaus plantureus
De lis, d'œillets, de Porfyre, & d'iuoire,
O feus iumeaus dont le ciel me fit boire
A si lons trais le venin amoureus.
 O vermeillons, O perlettes encloses,
O diamans, O lis pourprés de roses,
O chant qui peus les plus durs emouuoir,
 Et dont l'accent dans les ames demeure:
Et de a beautés reuiendra iamais l'heure
Qu'entre mes bras ie vous puisse rauoir?

MVRET.

O dous parler.) Le Poëte absent de sa dame, rememore particulierement aucunes de ses beautés, & souhéte les reuoir. *L'apât doucereus.* Il dit nourrir la faim de sa memoire par l'apât doucereus du dous parler de sa dame: C'est a dire qu'il paist son esprit de la souuenance du parler d'icelle. *Trofée.* Ainsi disoit on anciennement, quand on auoit reuestu quelque arbre ébranché des depouilles de l'ennemi, pour monumét de victoire. Et se dit en Grec τρόπαιον, parce qu'on auoit coutume de le dresser pour auoir tourné l'ennemi, lors qu'il se metoit en fuite, qu'ils apeloient τροπήν. *Coutaus plantureus,* Le sein abondant en ces couleurs, qu'il represente par les lis, œillets, Porfyre, & iuoire. *Feus iumeaus,* Les yeus, par lesquels il dit a lons traits auoir beu le venin amoureus: ce qui se fait, parce que les raions des yeus de la dame sont comme voituriers de son esprit, & par la rencôtre qu'ils font auecques les raiōs de l'amant, se meslant parmi eus se conduisent a son cœur, & de leur esprit etranger empoisonnent l'esprit de celui, qui est outré. Apulée fait tresbiē a ce propos, disant, *Isti oculi tui per meos oculos ad intima delapsi precordia, acerrimum meis medullis commouent incendium.* *Le ciel.* Selon les Astrologues, qui disent les cors inferieurs estre gouuernés par les celestes. *Boire.* Telle maniere de parler est en l'Epigramme Grec,

Ὀφθαλμοὶ τέο μέχρις ἀφύσετε νέκταρ ἐρώτων,
Κάλλεος ἀκρήτου ζωροπόται θρασέες;

vermillons, Les leures. *Perlettes, diamans,* Les dens. *Lis pourprés de roses,* Blanches & vermeilles ioües. *Dea,* Tel est le *Deh* des Italiens. *Reuiendra iamais l'heure* Ainsi commence vn Sonet de Petrarque,

O dolci sguardi, o parolette accorte,
Hor sia mai 'l di, ch'io vi riueggia, & oda?

VErrai-ie point le dous iour, qui m'aporte
Ou tréue, ou pais, ou la vie, ou la mort,
Pour édenter le souci qui me mord
Le cœur a nu, d'une lime si forte?
Verrai-ie point que ma Naiade sorte
Du fond de l'eau, pour m'enseigner le port?
Nourai-ie point, ainsi qu'Vlysse, a bord,
Aiant au flanc son linge pour escorte?
Verrai-ie point, que ces astres iumeaus,
En ma faueur, encore par les eaus
Montrent leur flame a ma caréne lasse?

f.ij.

Verrai-ie point tant de vens s'acorder,
Et calmement mon nauire aborder,
Comme il souloit, au haure de sa grace?

MVRET.

Verrai-ie point.) Ce Sonet tend au mesme argument, que le precedent, quant a l'absence de sa dame: mais il le diuersifie d'une pasion plus grande, acompaignée de la comparaison de soi a Vlysse, de sa dame a Leucothée, de qui nous dirōs la fable. *Edenter*, ôter la dent au souci. *Naiade.*) Il apelle Cassandre Naiade, la comparant a Leucothée, Nymfe de mer, ditte autrement Inon, fille de Cadme, laquelle par Iunon poussée en fureur, parce qu'elle tenoit la main aus hôneurs diuins, qu'on donnoit a Bacchus, tenant entre ses bras vn sien petit fis, qui auoit nom Melicerte, s'élança de la pointe d'une roche en la mer: & la tous deus furent, a la requeste de leur aieulle Venus, receus par Neptune entre les dieus marins, le nom de Melicerte changé en Palemon, & celui d'Inō en Leucothée. Ouide au quatrième des Metamorfoses. Cette déesse, comme vne tourmente eut surpris Vlysse, au partir de l'Isle de Calypson, dans le vaisseau, qu'il auoit lui mesme charpenté de sa main, s'aparut a lui, & lui donnant vn couurechef, l'auertit, qu'il s'en couurist l'estomac, & couuert en la sorte se gettât dans les flots, & qu'aiant pris terre, il le lui regettât dans la mer. Ce qu'Vlysse pressé des vagues fit finablement, & par le moien du linge, vint a bort. Le conte en est au cinquième de l'Odyssée. *Escorte*, guide, conduite. *Astres iumeaus,*) Les yeus. Il continue la metafore de la mer. *Caréne*, La panse du nauire. Partie pour le tout. *Calmement*, Paisiblement. Mot de marine. *Haure*, port.

Quel dieu malin, quel astre me fit estre,
Et de misere & de tourment si plein?
Quel destin fit, que toujours je me plain
De la rigueur d'vn trop rigoreus maistre?
Quelle des Seurs à l'heure de mon estre
Noircit le fil de mon sort inhumain?
Et quel Démon d'vne senestre main
Berça mon cors quand le ciel me fit naistre.
Heureus ceus là dont la terre a les os,
Heureus ceus là, que la nuict du Chaos
Presse au giron de sa masse brutale:
Sans sentiment leur repos est heureus,
Que suis je, las! moi chetif amoureus,
Pour trop sentir, qu'vn Sisyphe ou Tantale?

MVRET.

Quel dieu malin.) Il se plaint de sa condition, laquelle il dit estre si miserable, que les mors sont heureus au pris de lui. *Quel dieu malin.* Selon l'opinion des anciens, qui disoient des dieus les vns estre bons, les autres mauuais. *Quel astre.*) Selon l'opinion des Mathematiciens, qui disent L'heur & le malheur des hommes dependre de l'influence des astres. *Quel destin.*) Selon les Stoiques, qui disent toutes choses estre gouuernées par le destin. *D'vn trop rigoreus maistre,* D'Amour. *Quelle des Sœurs,* Des trois Parques filles de la nuit, par lesquelles la vie des hommes est filée, selon les Poëtes. *Et quel Demon.*) Demons, en nôtre religion, sont apelés bons ou mauuais anges. *La nuit du Chaos,* L'oscurité. *Au giron de sa masse brutale,*) Dans la terre. *Qu'vn Sisyfe, ou Tantale.* J'en ai desia parlé ailleurs.

f.iij.

70 LES AMOVRS

Iuin Bellai, dont les nombreuses lais
Par vne ardeur du peuple separée,
Ont reuetu l'enfant de Cytherée
D'arc, de flambeau, de trais, & de carquois:
Si le dous feu, dont, chaste, tu ardois,
Enflame encor' ta poitrine sacrée,
Si ton oreille encore se recrée
D'ouir les plains des amoureuses vois:
Oi ton Ronsard, qui sanglote, & lamente,
Pâle, agité des flos de la tourmente,
Croisant en vain ses mains deuers les Dieus,
En fraile nef, & sans voile, & sans rame,
Et loin du bord, ou pour astre sa Dame
Le conduisoit du Fare de ses yeus.

MVRET.

Diuin Bellai.) Il ecrit ce Sonet a Ioachim du Bellai Angeuin excellent Poëte François, comme ses euures de long tans semées par toute la France contreignent les enuieus mesmes a confesser : & le prie d'ouir les complaintes qu'il fait, pour estre absent de sa dame, sans grande esperance de la reuoir. Vn presque semblable Sonet luy auoit ecrit du Bellai, dans son Oliue: lequel m'a semblé bon de metre ici.

Diuin Ronsard qui de l'arc a set cordes
Tiras premier au but de la memoire
Les trais ales de la Francoise gloire,
Que sur ton Luc hautement tu accordes:
Fameus harpeur, & prince de nos Odes,
Laisse ton Loir hautain de ta victoire,
Et vien sonner au riuage de Loire
De tes chansons les plus nouuelles modes.
Enfonce l'arc du vieil Thebain archer,
Ou nul que toi ne seut onc encocher

Des doctes Seurs les sagettes divines,
Porte pour moi, parmi le ciel des Gaules
Le saint honneur des Nymfes Angevines,
Trop pesant fais pour mes foibles epaules.

Dont, duquel. Ainsi quelque fois prenent les Latins *vnde.* Virg. *Genus vnde Latinum.* Les nombreuses lois Les carmes Νόμοι s'apeloient ancienemēt chansons: comme en Aristophane,

Ἐυωχλίαν κλαύσωμεν, ὀλύμπυ νόμον.

Depuis les lois furēt apelées, νόμοι, parce qu'on les faisoit en vers, affin que le peuple les chantāt, & par tel moien, les retint plus aisément en memoire. *L'enfant de Cytherée,* Amour. *Croisant en vain.* Il exprime le geste de ceus qui sont reduis a desespoir. *Du Fare.* Fare fut iadis vne isle en Egypte. Et parce qu'en vne haute tour, qui la etoit, on souloit de nuit metre des flābeaus pour guider les mariniers: de la est, q̄ toutes telles tours depuis sōt nōmées Fares. φαρωίνειν est dōner lumiere.

Quand le Soleil à chef renuersé plonge
Son char doré dans le sein du vieillard,
Et que la nuit vn bandeau sommeillard
Des deus côtes de l'Horizon alonge.

Amour adonc qui sape, mine, & ronge
De ma raison le chancelant rempart,
Pour l'assaillir à l'heure à l'heure part,
Armant son camp des ombres & du songe.

Lors ma raison, & lors ce dieu cruel,
Seuls per à per d'vn choc continuel
Vont redoublant mile ecarmouches fortes:

Si bien qu' Amour n'en seroit le vainqueur,
Sans mes pensers, qui lui ouurent les portes,
Par la traison que me brasse mon cœur.

f.iiij.

MVRET.

Quand le Soleil.)Il veut representer les discours qu'il fait la nuit, pesant a sa dame. Pour ce faire auec plus de grace, il fait comme deus capitaines, Amour & Raison. Le camp d'Amour est armé des tenebres de la nuit, & du songe. Raison a pour sa deffense, le cœur, & les pensers. Il dit donc que par nuit, Amour vient donner des ecarmouches a raison: & qu'ils se cōbatēt lōg tās ensemble. Mais q̃ son cœur, & ses pensers qui lui sont traitres, ouurēt les portes a l'Amour, qui par ce moié, en fin demeure veinqueur sur la Raison. *Quād le Soleil.*)Description de la nuit. *Plonge son char.* Les poetes disent, q̃ le Soleil se plōge au soir dans l'Oceā, & en sort au matin. *Dans le sein du vieillard.* Dās le sein de Neptune, dans la mer. Il apelle Neptune vieillard, a cause de l'ecume de la mer, qui est semblable a poil blāc. Ou plus tôt, parce que beaucoup d'anciens, cōme Thales le Milesien, ont dit l'eau estre principe de toutes choses. Pour laquelle cause Pindare a dit, rien n'estre meilleur que l'eau. Ἄριϛον μὲν ὕδωρ. Homere semble auoir touché cette opiniō, disāt, Ὠκεανόν τε θεῶν γένεσιν, κ, μητέρα Θηθύν. & en vn autre lieu Ὠκεανὸς θ' ὅσπερ γένεσις πάντων τέτυκται. *Et que la Nuit.*)Il faint que la Nuit eted vn bandeau, duquel elle clōt les yeus aus hommes, & les endort. *De l'horison.*)En quelque lieu que nous soions au decouuert, il semble que nous voions cōme vn cercle, qui de tous côtés arreste & acheue nôtre veue. Tels cercles sont nōmés en Grec Horisons. Ciceron. *Orbes, qui cœlum quasi medium diuidunt, & aspectum nostrum definiunt, qui à Græcis ὁρίζοντες nominātur: à nobis, Finientes rectißimè vocari possunt.*)Procle en la Sfere. Ὁρίζων δὲ κύκλος ὁ διορίζων ἡμῖν τό, τε φανερὸν, κ, τὸ ἀφανὲς μέρος τ̃ κόσμυ. *Sape, mine.*)Saper & miner est presque tout vn. *A l'heure, a l'heure.*)Locution Italienne. Par *la traiſon.*) Traiſon, ici n'a que deus ſyllabes. Cette figure ſe nomme en Grec κρᾶσις, ou συνεκφώνησις.

Comme vn Cheureuil, quand le printans deſtruit
L'oiſeus cryſtal de la morne gelée,
Pour mieus brouter la fueille emmielée,
Hors de ſon bois auec l'Aube s'en fuit:
    Et ſeul, & ſeur, loin de chiens & de bruit,
Or ſur vn mont, or dans vne valée,
Or pres d'vne onde a l'eſcart recelée,
Libre folâtre ou ſon pié le conduit.
    De rets ne d'arc ſa liberté n'a crainte,
Sinon alors que ſa vie eſt attainte,
D'vn trait meurtrier empourpré de ſon ſang:
    Ainſi i'alloi ſans eſpoir de dommage,
Le iour qu'vn œil ſur l'Auril de mon âge
Tira d'vn coup mille traits dans mon flanc.

MVRET.

Comme vn Cheureuil.) Ce Sonet eſt aiſé de ſoi. Il eſt prins de Bembo, qui ecrit ainſi,

Si come ſuol, poi che'l verno aſpro e rio
Parte, e da loco a le ſtagion migliori,
Vſcir col giorno la ceruetta fuori
Del ſuo dolce boſchetto almo natio:
    Et hor ſu per vn colle, hor lungo vn rio,
Lontana da le caſe, e da paſtori
Gir ſecura paſcendo herbetta e fiori,
Ouunque piu la porta il ſuo deſio:
    Ne teme di ſaetta, o d'altro inganno,
Se non quand'ella è colta in meƶƶo il fianco

Da buon arcier, che di nascosto scocchi:
Cosi senz a temer futuro affanno
Moss' io Donna quel di, che bei vostr' occhi
Me'mpiagar lasso tutto 'l lato manco.

N I voir flamber au point du iour les roses,
Ni lis planté sus le bord d'vn ruisseau,
Ni chant de luth, ni ramage d'oiseau,
Ni dedans l'or les gemmes bien encloses,
 Ni des Zephirs les gorgettes decloses,
Ni sur la mer le ronfler d'vn vaisseau,
Ni bal de Nymfe au gazouillis de l'eau,
Ni de mon cœur mille metamorfoses,
 Ni camp armé de lances herissé,
Ni antre verd de mousse tapissé,
Ni les Syluains qui les Dryades pressent,
 Et ia desia les dontent à leur gré,
Tant de plaisirs ne me donnent qu'vn Pré,
Ou sans espoir mes esperances paissent.

MVRET.

Ni voir flamber.) Il dit, qu'il n'i a chose en ce monde, qui lui donne tant de plaisir, qu'vn Pré. Ie me douteroi fort que sous ce Pré, quelque meilleure chose fut entẽdue. Mais passons outre. *Les gemmes.*) Les pierres precieuses. *Des zephirs.*) Des petis ventelers, qui soufflent au printans. *Au gazouillis.*) Au bruit. *Les Syluains.*) Dieus des forests. *Les Dryades.*) Les Nymphes des bois se nommẽt Dryades, ou Hamadryades: celles des montaignes, Oreades: celles des eaus, Naiades.

D Edans les Prés ie vis vne Naiade,
Qui comme fleur s'assisoit par les fleurs
Et mignotoit vn chappeau de couleurs,

Echeuelée en simple verdugade.
  De ce iour là ma raison fut malade,
Mon cœur pensif, mes yeus chargés de pleurs,
Moi triste & lent: tel amas de douleurs
En ma franchise imprima son œillade.
  Là ie senti dedans mes yeus voller
Vn dous venin, qui se vint escouler
Au fond de l'ame: & depuis cet outrage,
  Comme vn beau lis, au mois de Iuin blessé
D'vn rai trop chaut, languit à chef baissé,
Ie me consume au plus verd de mon age.

MVRET.

Dedans des Prés.) Il poursuit comme il fut surpris dedans vn Pré par les beautés d'vne Naiade.

Quand ces beaus yeus iugeront que ie meure,
  Auant mes iours me foudroiant là bas,
  Et que la Parque aura porté mes pas
A l'autre flanc de la riue meilleure:
  Antres & prés, & vous foréts, a l'heure,
Ie vous suppli, ne me dedaignés pas,
Ains donnés moi, sous l'ombre de vos bras,
Quelque repos de paisible demeure.
  Puisse auenir qu' vn poëte amoureus,
Aiant horreur de mon sort malheureus,
Dans vn cyprés note cet epigramme:
CI DESSOVS GIT VN AMANT VANDOMOIS,
QVE LA DOVLEVR TVA DEDANS CE BOIS:
POVR AIMER TROP LES BEAVS YEVS DE
                              (SA DAME.

LES AMOVRS
MVRET.

Quand ces beaus yeus.) Sa vie & sa mort dependent des yeus de sa dame: parainsi dit il, que quand ces yeus l'auront côdâné a mourir, il veut estre enterré en quelq lieu champestre, vmbrageus, & a l'escart, aueque l'epitaphe tel comme il le decrit. Voi la cinquiême Ode du quatriême liure. *A l'autre flanc,*) Aus chams Elysées. *Dans vn Cyprés.*) Parce que c'est vn arbre triste, & apte aus mors. Les anciens le disoient estre sacré a Pluton, & quand quelcun étoit mort dans la maison, ils metoient des branches de Cyprés au deuant, pour enseigne. Quand ils bruloient le cors du mort, ils entournoient tout le feu, de Cypres: ce qui se faisoit, dit Varron, de peur, que la puanteur n'offensât les assistans. A cette cause Virgile apelle, *Ferales cupressos*, Horace, *Inuisas*. *Cet epigramme.*) Epigramme en Grec sinifie toute inscription.

Qvi voudra voir dedans vne ieunesse,
La beauté iointe auec la chasteté,
L'humble douceur, la graue magesté,
Toutes vertus, & toute gentilesse:
Qui voudra voir les yeus d'vne deesse,
Et de nos ans la seule nouueauté,
De cette Dame œillade la beauté,
Que le vulgaire apelle ma maitresse.
Il aprendra comme Amour rit & mord,
Comme il guarit, comme il donne la mort,
Puis il dira voiant chose si belle:
Heureus vraiment, heureus qui peut auoir
Heureusement cet heur que de la voir,
Et plus heureus qui meurt pour l'amour d'elle.

MVRET.

Qui voudra voir.) Il dit le comble de toutes bonnes graces estre en sa dame. *Que le vulgaire appelle ma maistresse.*) Il veut dire, qu'elle est bien digne d'vn plus magnifique nom. Ce carme est, mot par mot, tourné de Petrarque.

Tant de couleurs le grand arc ne varie
Contre le front du Soleil radieus,
Lors que Iunon, par vn tans pluuieus,
Renuerse l'eau dont sa mere est nourrie.
Ne Iupiter armant sa main marrie
En tant d'éclairs ne fait rougir les cieus,
Lors qu'il punit d'vn foudre audacieus
Les mons d'Epire, ou l'orgueil de Carie.
Ni le Soleil ne raionne si beau,
Quand au matin il nous montre vn flambeau
Pur, net, & clair, comme ie vi ma Dame
Diuersement son visage acoutrer,
Flamber ses yeus, & claire se montrer,
Le premier iour qu'elle rauit mon ame.

MVRET.

Tant de couleurs.) Pour montrer qu'elle étoit la beauté de sa dame, le iour, qu'elle le rauit, il vse de trois cõparaisons: disant, qu'en l'arc en ciel ne se montre point vne si grande, ne si belle varieté de couleurs, comme elle étoit lors en sa face: qu'il ne sort point tát d'éclairs du ciel, quand il tonne, comme lors il en sortoit de ses yeus: que le Soleil au matin n'aparoit point si cler, comme sa face étoit clere. *Contre le front du Soleil radieus.*) L'arc en ciel se fait par vne reuerberation des raions du Soleil. Voi Aristote au troisième des Meteores. *Lors que Iunon.*) Par Iunon les poëtes n'entendent autre chose que l'ær. *Renuerse.*) Il dit proprement, renuerse, car les vapeurs desquelles la pluie se fait, sont premierement atirées de la terre. *Sa mere.*) La terre, que les poetes nomment mere des dieus & des hommes. *Lors qu'il punit.*) Le foudre tombe souuent sur les montaignes, ou sur les edifices haut eleués. Et semble, que Iuppiter les veuille punir, parce qu'ils aprochent trop pres du ciel. *Les monts d'Epire.* Acroceraunes, desquels i'ai parlé deuant. *L'orgueil de Carie*) Le Mausolée, c'est a dire le sepulchre du Roi Mausole, lequel fut si sumptueusement bâti, qu'on le nombre entre les set merueilles du monde. Voi Pline au 36 liure.

Quant i'aperçoi ton beau chef iaunissant,
 Qui l'or filé des Charites efface,
 Et ton bel œil qui les astres surpasse,
Et ton beau sein chastement rougissant:
 A front baissé ie pleure gemissant,
De quoy ie suis (faute digne de grace)
Sous l'humble vois de ma rime si basse,
De tes beautés les honneurs traïssant.
 Ie conoi bien que ie deuroi me taire,
Ou mieus parler: mais l'amoureus vlcere
Qui m'ard le cœur, me force de chanter.
 Donque (mon Tout) si dinement ie n'vse
L'ancre & la vois a tes graces vanter,
Non l'ouurier non, mais son destin accuse.

MVRET.

Quand i'apercoi.) Quand il considere les excellantes beautés de sa dame, il dit, qu'il a honte & regret de ne les pouuoir dinnement decrire : conoissant bien, qu'il faudroit se taire, ou en parler mieus. Mais la force de son Amour est si grande, qu'elle le contraint d'entreprendre plus qu'il ne peut. Parainsi dit il, que si en cette part il ne s'aquite entierement de son deuoir, il ne s'en faut pas prendre a lui, ains a son destin, qu'a voulu adresser en si haut lieu, que la force de ses ecris n'i peut aucunemét ateindre. *L'or filé des Charites.*) Le poil lequel ressemble a l'or filé par les Graces. *Faute dine de grace.*) Il confesse bien, qu'il i a de la faute en lui : mais que toutefois telle faute est dinne de grace, d'autant qu'elle ne procede pas de mauuais vouloir. *De tes beautés les honneurs traïssant.*) Car i'entrepren de les decrire : & apres n'en puis venir a bout.

Ciel, ær, & vens, plains, & mons decouuers,
Tertres fourchus, & forets verdoiantes,
Riuages tors, & sources ondoiantes,
Taillis rasés, & vous bocages vers,

Antres moussus a demifront ouuers,
Prés, boutons, fleurs, & herbes rousoiantes,
Coutaus vineus, & plages blondoiantes,
Gâtine, Loir, & vous mes tristes vers :

Puis qu'au partir, rongé de soin & d'ire,
A ce bel œil, l'Adieu ie n'ai seu dire,
Qui pres & loin me detient en émoi :

Ie vous suppli, Ciel, ær, vens, mons, & plaines,
Taillis, forets, riuages & fontaines,
Antres, prés, fleurs, dites le lui pour moi.

MVRET.

Ciel, ær, & vens.) Contraint quelquefois de prendre congé de sa dame, & n'aiant pas le pouuoir de lui dire Adieu, il prie, toutes les choses qu'il voit, de le lui dire en son nom. *Herbes rousoiantes.*) Les Latins disent, *Roscidæ, ou rorulentæ*. *Plages blondoiantes,*) Couuertes de blés desia meurs.

Voiant les yeus de toi, Maitresse elüe,
A qui i'ai dit, seule a mon cœur tu plais,
D'vn si dous fruit mon ame ie repais,
Que plus en mange, & plus en est goulüe.

Amour qui seul les bons espris englüe,
Et qui ne daigne ailleurs perdre ses trais,
M'alege tant du moindre de tes rais,
Qu'il m'a du cœur toute peine tolüe.

Non, ce n'est point vne peine qu'aimer:
C'est vn beau mal, & son feu dous-amer
Plus doucement, qu'amerement nous brule.

O moi deus fois, voire trois bienheureus,
S'Amour m'occit, & si auec Tibulle
I'erre la bas sous le bois amoureus.

MVRET.

Voiant les yeus.) Il prend si grand plaisir a voir les yeus de sa dame, qu'il trouue douce toute la peine, qu'il soufre en aimant : & dit mesme, qu'il se tiendra trop heureus, si Amour est cause de sa mort. *A qui i'ai dit, Seule a mon cœur tu plais,*) Prins d'Ouide,

Elige, cui dicas, tu mihi sola places.

Ainsi Petrarque,

Col dolce honor, que d'amar quella hai preso,
A cu'io dißi, tu sola mi piaci.

Et son feu dous-amer.) C'est ce que les Grecs disent, γλυκύπικρον. *Auec Tibulle.*) Poëte Latin, qui a diuinement traitté l'amour. *Sous le bois amoureus.*) Auquel on dit, que ceus qui sont mors en aimant, demenent leurs amours encore apres leur mort.

L'*OEil qui rendroit le plus barbare apris,*
Qui tout orgueil en humblesse destrampe,
Par la vertu de ne sai quelle trampe
Qui saintement affine les esprits:
 M'a tellement de ses beautés espris,
Qu'autre beauté dessus mon cœur ne rampe,
Et m'est auis sans voir vn iour la lampe
De ces beaus yeus, que la mort me tient pris.
 Cela vraiment, que l'ær est aus oiseaus,
Les bois aus cerfs, & aus poissons les eaus,
Son bel œil m'est: O lumiere enrichie
 D'vn feu diuin qui m'ard si viuement,
Pour me donner & force & mouuement,
N'estes vous pas ma seule Entelechie?

MVRET.

L'œil qui rendroit.) Il dit, que l'œil de sa dame l'a tellement raui, que sa vie depend entierement de la lumiere de cet œil. *De ne sai quelle trampe.*) Metafore prinse des armuriers. *Ne rampe.* Ramper est ce que les Latins disent, *Repere. La lápe.*) La lumiere. *O lumiere enrichie.*) Il adresse maintenant sa parolle a l'œil qu'il auoit tant loué. *Ma seule Entelechie.*) Ma seule perfection, ma seule ame, qui causés en moi tout mouuement tant naturel, que voluntaire. Entelechie en Grec sinifie per-

g.i.

fection. Ariſtote dit, & enſeigne, que chacune choſe naturelle a deus parties eſſentielles, c'eſt a ſauoir, la matiere, qu'il nomme ὕλη, ou τὸ ὑποκείμενον, & la forme, qu'il nomme εἶδος, μορφὴ, ou ἐντελέχεια. Dit en oûtre, que cette forme, ou entelechie donne eſſence & mouuement a toutes choſes. Tellement que ce qui fait les choſes peſantes tédre en bas, & les legeres en haut, n'eſt autre choſe, que leur entelechie. Ce qui fait, que les herbes, arbres, plantes, prénent nourriſſement, & accroiſſement, eſt auſsi cette forme eſſentielle qui eſt en eus. Ce qui fait que les beſtes ſentent, qu'elles engendrent, qu'elles ſe mouuent de lieu en autre, n'eſt auſsi que leur entelechie, c'eſt a dire leur ame. Parainſi ce diuin Filoſofe (car ainſi me contraint ſa grandeur de l'apeler) ce grand Ariſtote (duquel l'erudition a touiours eſté celebrée par les doctes, & de nôtre tans, en l'vniuerſité de Paris, comme a l'enui, clabaudée par les ignorans) voulant definir l'ame, l'a dit eſtre ἐντελέχειαν σώματος φυσικοῦ ὀργανικοῦ: en laquelle definitiõ le mot, Entelechie, ſinifie vne forme eſſentielle, non pas vn perpetuel mouuement, comme l'a expoſé Ciceron, qui & en cet endroit, & en beaucoup d'autres s'eſt montré aſſes mal verſé en la Filoſofie d'Ariſtote.

De quelle plante, ou de quelle racine,
De quel vnguent, ou de quelle liqueur,
Oindroi-ie bien la plaie de mon cœur
Qui d'os en os incurable chemine?

Ni vers charmés, pierre, ni medecine,
Drogue, ni tuſt, ne romproient ma langueur,
Tant ie ſen moindre & moindre ma vigueur,
Ia me trainer dans la Barque voiſine.

Las, toi qui sais des herbes le pouuoir,
Et qui la plaie au cœur m'as fait auoir,
Guari le mal, que ta beauté me liure :
De tes beaus yeus allege mon souci,
Et par pitié retien encor ici
Ce pauure amant, qu'Amour soule de viure.

MVRET.

De quelle plante.) Il prie sa dame, de lui donner guerison, tant pource qu'elle est cause de son mal, que pource que son seul regard lui peut donner alegeance.
Dans la Barque voisine.) Dans la barque en laquelle Charon passe les ames, & les simulacres des mors : de laquelle il se sent desia voisin.

IA desia Mars ma trompe auoit choisie,
Et dans mes vers ia François, deuisoit :
Sus ma fureur ia sa lance aiguisoit,
Epoinçonnant ma braue poësie.
 Ia d'vne horreur la Gaule estoit saisie,
Et sous le fer ia Sene treluisoit,
Et ia Francus à son bord conduisoit
L'ombre d'Hector, & l'honneur de l'Asie.
 Quand l'archerot emplumé par le dos
D'vn trait certain me plaiant iusqu'a los,
De sa grandeur le saint prestre m'ordonne :
Armes adieu. Le Myrte Pasien
Ne cede point au Laurier Delfien,
Quand de sa main Amour mesme le donne.

g.j.

MVRET.

Ia defia Mars.) Il dit, qu'il auoit deliberé d'ecrire la Franciade, en laquelle il propofoit montrer, comment Francus, autrement apelé Francion fis de Hector, auec vne grande multitude de Troiens, apres que Troie fut par les Grecs mife a feu & a fang, s'en vint en France, edifia Paris, & donna commécement au peuple François: mais que s'etant defia mis a decrire toutes ces chofes la, d'vn ftile graue, & conuenant a la matiere, il fut nauré d'Amour, & par ce moien, contraint a laiffer ce tant braue fuget, pour decrire les paffions amoureufes. *Ia defia Mars.*) Tel eft vn lieu d'Ouide, au premier des Amours,

Arma graui numero, violentáque bella parabam
Dicere, materia conueniente modis:
Par erat inferior verfus: rififfe Cupido
Dicitur, atque vnum furripuiffe pedem.

Et ia Francus.) Pour entendre ceci, voi la premiere Ode du cinquiéme liure. *L'archerot.* Amour. *Me plaiât. Me bleffant. Le Myrte Pafien. Ne cede point point au laurier Delfien.*) C'eft a dire, Il n'i a pas moins de gloire a bien chanter l'amour, qu'a decrire chofes plus graues. Le Myrte, ou Meurte eft arbriffeau facré a Venus *Pafien.*) Venerien: parce que Venus eft deeffe de l'Ile de Pafos. *Au laurier Delfien.*) C'eft a dire facré au dieu Apollon, duquel le principal téple étoit en l'Ile nommée Delfi, que les anciens apeloient le nombril du monde.

Petit nombril, que mon penfer adore,
Non pas mon œil, qui n'eut onques ce bien,
Nombril de qui l'honneur merite bien,
Qu'vne grand' vile on lui baftiffe encore.

Signe diuin, qui diuinement ore
Retiens encor l'Androgyne lien,
Combien & toi, mon mignon, & combien
Tes flancs iumeaus folastrement i'honore!
Ni ce beau chef, ni ces yeus, ni ce front,
Ni ce dous ris, ni cette main qui fond
Mon cœur en source, & de pleurs me fait riche:
Ne me sauroient de leur beau contenter,
Sans esperer quelque fois de tâter
Ton paradis, ou mon plaisir se niche.

MVRET.

Petit nombril.) Il loüe le nombril de sa dame, disant que toutes les autres graces ne sauroient assouuir son ardeur, s'il n'esperoit de pouuoir qulque fois tâter ce nombril a bon essiant. *Qu'vne grand' vile on lui bátisse encore.*) Que pour l'honorer on face vne vile, qui recoiue nom de lui : ainsi comme Callimach raconte, qu'vne plaine de Candie fut nommée Omfalion, a cause que le nombril de Iuppiter nouuellement né, i tôba. Le nôbril se nôme en Grec, omfalos. Callimach.

Τυτάκι τοι πέσε δαίμον ἀπ' ὀμφαλός. ἔνθεν ἐκεῖνο
Ὀμφάλιον μετέπειτα πέδον καλέεσκυ δ᾽ ὦντες.

Signe diuin.) Il apelle le nombril signe de l'ancienne liaison des hommes. Aristofane au banquet de Platon dit qu'au commencement, i auoit vne espece d'hommes Androgynes, c'est a dire, mâles, & femelles tout ensemble : lesquels, parce que se confians en leur force, ils conspirerent contre les dieus, furent par Apollon, auquel Iuppiter l'auoit ainsi commandé, partis par le millieu : & que la cicatrice en est encores demeurée en la partie, que nous apelons le nombril. Voi

g.iij.

l'Androgyne de Platon traduitte par Heroët. *Ton paradis.*)On peut entendre aisément, qu'il veut dire.

Qve n'ai-ie, Dame, & la plume & la
 grace
  Diuine autant que i'ai la volunté!
Par mes écris tu serois surmonté
Vieil enchanteur des vieus rochers de Thrace.

 Plus haut encor que Pindare, ou qu'Horace,
I'appenderois à ta diuinité,
Vn liure enflé de telle grauité,
Que Du bellai lui quiteroit la place.

 Si viue encor Laure par l'Vniuers
Ne fuit volant dessus les Thusques vers,
Que nostre siecle heureusement estime,

 Comme ton nom, honneur des vers François,
Haut eleué par le vent de ma vois
S'en voleroit sus l'æle de ma rime.

MVRET.

Que n'ai-ie, Dame.) Il se deut, dequoi il n'a la grace d'ecrire, pareille a son vouloir : car lors, dit il, qu'il outrepasseroit tous les meilleurs poëtes, tant anciens, que nouueaus. *Vieil enchanteur.*) Il entend Orfée fis d'Apollon, & de Calliope : ou, comme disent les autres, d'OEagre, qui est vne montaigne en Thrace, & de Calliope, ou de Polymnie. D'icellui dit on, que par la douceur de sa vois, & par le son de sa harpe, il emouuoit les oiseaus, les bestes sauuages : voire mesme les bois, & les pierres, apaisoit les vens, arrestoit le cours des riuieres, & brief faisoit mile autres choses incroi-

DE P. DE RONSARD. 87

ables. Par ainsi Pindare aus Pythies, le nomme pere de tous les Musiciens. Il raconte ces merueilles de soi, aus Argonautiques (au moins si c'est lui, qui les a faites) disant ainsi,

Εσυν δ' ἄκρα κάρηνα, κ᾽ ἄγκεα δ᾽ ἐνδρύεντα
Πηλίν, ὑψηλάς τε μετὰ δρύας ἤλυθε γῆρυς.
Καί ῥ' αἱ μὲν πρόρριζοι ἐπ' αὐλιον ἐθρώσκοντο,
Πέτραι τ' ἐσμαράγουν, θῆρες δ' ἀίοντες ἀοιδῆς
Σπήλυγγος προπάροιθεν ἀλυσκάζοντες ἔμιμνον.
Οἰωνοί τ' ἐκυκλοῦντο βοαύλια κερταύροιο,
Ταρσοῖς κεκμηῶσιν, ἴης δ' ἐλάθοντο καλιῆς.

Apolloine le temoigne aussi sur le commencement des Argonautiques: & mesmes dit, qu'on voit en Thrace quelques arbres arrengés en rond, qui le suiuirent là, des le païs de Pierie. Les femmes de Thrace, parce que depuis la perte de sa femme Eurydice, il auoit tout le sexe feminin en haine & horreur, se mutinerent contre lui, & vn iour, ainsi qu'il chantoit, lui coururent sus, & le dechirerent en pieces. Voi Ouide en l'vnsième de la Metamorfose. *Pindare.*) Prince des neuf lyriques Grecs, lequel Horace dit estre si excellent, que qui voudroit entreprendre de l'imiter, entreprendroit vne chose du tout impossible. Thomas surnommé le Maitre, grammarien Grec raconte, qu'Apollon l'aimoit tant, qu'il lui enuoioit touiours partie des choses, qui lui étoient offertes: & mesmes aus sacrifices publiques, le Prestre l'apeloit a haute vois, a venir disner aueques le Dieu. On dit, qu'il fit vn hymne en la louange du dieu Pan, auquel le dieu print si grand plaisir, qu'il le chantoit lui-mesme par les montaignes. Quand les Lacedemoniens mirent a sac la ville de Thebes, ils lui porterent tel honneur, que iamais personne ne voulut toucher a sa maison, deuant laquelle il auoit mis ce vers,

g.iiij.

Πινδάρου τῶν Μυσοποιῶ τἰὼ σέγαν μὴ καιετι.
I'appenderois.)Pour i'appendroi. La lettre, s, i est aiou-
tée a cause de la voielle qui s'ensuit. Le mot est propre
aus choses, qu'on dedie aus dieux, lesquelles on a cou-
tume de pendre en cette partie du temple, qui est nô-
mée & par les Latins, & par les Grecs *Tholus. Laure.*)
La dame de Petrarque. *Thusques.*)Toscans.

D V tout changé ma Circe enchantereße,
Dedans ses fers m'enferre, emprisonné,
Non par le goût d'vn vin empoisonné,
Ni par le iust d'vne herbe pechereße.

Du fin Gregeois l'espée vangereße,
Et le Moly par Mercure ordonné,
En peu de tans du breuage donné
Forcerent bien la force charmereße.

Si qu'a la fin le Dulyche troupeau,
Reprint l'honneur de sa premiere peau,
Et sa prudence auparauant peu caute:

Mais pour la mienne en son lieu reloger,
Ne me vaudroit la bague de Roger,
Tant ma raison s'aueugle dans ma faute.

MVRET.

Du tout changé ma Circe enchantereße.)Comparant sa
dame a Circe, il dit, qu'elle l'a tellement fâé de ses en-
chantemans, que la bague de Roger ne seroit pas suf-
fisante pour le décharmer. Circe fille du Soleil, demeu
rante sur la coste d'Italie, fut grandement renommée
pour ses enchantemans, & croioit on, que par le moien
de certain gateau, qu'elle bailloit a mâger, & d'vn vin,
qu'elle miftionnoit, elle muât les hommes, les frapant

de sa houssine, en tels animaus, que bon lui sembloit.
Vlysse, apres la deffaitte de Troie, errant sur la mer,
print terre, pres la demeure de laditte Circe: & decou-
urant vne fumée en l'aer, s'aperceut, que le pais étoit ha
bité. Parquoi voulant conoitre, quelles gens i faisoient
demeure, choisit par sort quelques vns de ses compai-
gnons, & les i enuoia. Lesquels arriués a la maison de
la Nymfe, furent par elle receus, & fetoiés a la mode
acoutumée, si bien qu'ils furent tous changés en porcs,
fors leur conducteur Euryloch, qui fuiant, vint racon-
ter a Vlysse, l'etrange mesauéture de ses compaignons.
Vlysse fâché pour la perte de ses soldats, delibere chau-
dement d'i aller lui-mesme: & trouue en son chemin
Mercure en la forme d'vn iouuenceau, qui lui donnant
la contrepoison, l'enseigna, comme il pourroit se ga-
rentir des enchantemens, & rauoir ses hommes. Voi
Homere au disième de l'Odyssée, & Ouide au quator-
sième de la Metamorfose. *Herbe pecheresse*, Nuisante.
Du fin Gregeois,) d'Vlysse renomé pour sa finesse, & a
cette cause nommé par Homere πολύτροπος. *L'espée
vangeresse*: Parce que abordant Circe, comme Mercure
l'auoit conseillé, il lui tédit l'espée nue, faignant la vou
loir tuer. *Moly*, racine d'herbe, qu'Homere décrit en
ces vers.

Ῥίζῃ μὲν μέλαν ἔσκε, γάλακτι δ' ἔικελον ἄνθος,
Μῶλυ δέ μιν καλέωσι θεοί.

Et Ouide,
*Pacifer huic dederat florem Cyllenius album:
Moly vocant superi: nigra radice tenetur.*
Voi Pline au quatrième chapitre du vintecinquième
liure. *Le Duliche troupeau*,) Les soldats d'Vlysse, qui
étoient changés en porcs. Duliche étoit vne isle de la-
quelle Vlysse étoit seigneur. *La bague de Roger*, Qui
valoit contre tous enchantemens. Ariofte au settième
chant,

—L'annello hai teco,
Che val contr' ogni magica fattura.

Es Elemans, & les Astres, à preuue,
Ont façonné les rais de mon Soleil,
Et de son teint le cinabre vermeil,
Qui ça ne là son parangon ne treuue.
Des l'onde Ibere ou nostre iour s'abreuue,
Iusques au lit de son premier reueil,
Amour ne voit vn miracle pareil,
N'en qui le Ciel tant de ses graces pleuue.
Son œil premier m'aprit que c'est d'aimer:
Il vint premier ma ieunesse animer
A la vertu, par ses flames dardées:
Par lui mon cœur premierement s'æla,
Et loin du peuple a l'escart s'en vola
Iusqu'au giron des plus belles Idées.

MVRET.

Les elemans.) Il dit que les elemans, & les astres, d'vn commun accord, ont redu sa dame belle a perfection.

A preuue,) A qui mieus. La metafore semble prinse des harnois. *Les rais de mon Soleil,*) Les beautés de ma dame. *Le cinabre vermeil,*) La couleur vermeille. Le cinabre, duquel on vse auiourd'hui se fait de soufre, & d'argent vif brulés ensemble. *Des l'onde Ibere,*) De sa mer occidentale. Iberes sont peuples d'Espaigne. *Iusques au lit de son premier reueil,*) Iusques au leuant. *Pleuue,*) Abondamment répande. *Iusqu'au giron des plus belles Idées,*) Iusqu'a la diuinité. Les Platoniques disoient en l'esprit de dieu estre certains eternels patrons, & protraits de toutes choses, lesquels ils nommoient Idées.

DE P. DE RONSARD. 91

IE parangonne à vos yeus ce cryſtal,
Qui va mirer le meurtrier de mon ame:
Viue par l'ær il éclate vne flame,
Vos yeus vn feu qui m'eſt ſaint & fatal.

Heureus miroer, tout ainſi que mon mal
Vient de trop voir la beauté qui m'enflame:
Comme ie fai, de trop mirer ma Dame
Tu languiras d'vn ſentiment egal.

Et toutefois, enuieus, ie t'admire,
D'aller mirer le miroer ou ſe mire
Tout l'vniuers dedans lui remiré.

Va donq miroer, va donq. & pren bien garde,
Qu'en le mirant ainſi que moi ne t'arde,
Pour auoir trop ſes beaus yeus admiré.

MVRET.

Ie parangonne.) Il compare les yeus de ſa dame a vn miroer, duquel elle ſ'aloit mirer. Apres il parle a ce miroer, & dit, qu'il l'eſtime trop heureus d'aler mirer vne ſi belle face : & craint toutefois, que côme il a eſté enflamé par le regard de ſa dame : le miroer auſsi ne le ſoit. Le meurtrier de mon ame,) Ce viſage qui me tue. Qui m'eſt ſaint & fatal,) Que le deſtin me contraint d'adorer. Le miroer ou ſe mire Tout l'vniuers.) Il dit la beauté de ſa dame eſtre ſi grande, que tout le ciel ſe mire dans elle.

I'Ai cent fois épreuué les remedes d'Ouide,
Et ſi ie les épreuue encore tous les iours,
Pour voir, ſi ie pourrai de mes vieilles amours,
Qui trop m'ardent le cœur, auoir l'eſtomac vuide.

*Mais cet amadoüeur, qui me tient a la bride,
Me voiant aprocher du lieu de mon secours,
Maugré moi tout soudain fait vanoier mõ cours,
Et d'ou ie vins mal sain, mal sain il me reguide.

H'à, poëte Romain, il te fut bien aisé,
Quand d'une courtisane on se voit embrasé,
Donner quelque remede, afin qu'on s'en depestre:
Mais cettui la qui voit les yeus de mon Soleil,
Qui n'a de chasteté, ni d'honneur son pareil,
Plus il est son esclaue, & plus il le veut estre.*

MVRET.

I'ai cent fois épreuué.) Ouide a ecrit les liures du reme de d'amour, ausquels il enseigne beaucoup de moiens propres a ceus, qui sont enlassés d'amour, & s'en veulent defaire. Le Poëte dit, qu'il les a tous essaiés : mais que quand il est quasi prest a sortir de la prison d'Amour, Amour, qui le tient, comme par la bride, dissipe toutes ses entreprises, & le retire plus fort que deuant. Par ainsi donc il dit pour conclusion, que les remedes d'Ouide sont aptes a ceus qui sont amoureus de quelque courtisane: mais du tout inutiles a ceus, qui ont mis leur cœur en bon & honeste lieu, comme il a fait. *Amadoueür,*) Abuseur. Amadoüer est tenir quelcun sous vaine esperance. Les Latins disent, *Inescare*: Les Italiens, *Lusinghar. Vanoier,*) Se perdre, deuenir en rien. *D'une courtisane,*) D'une femme abádónée. Mot Italié.

*Ni les combats des amoureuses nuits,
Ni les plaisirs que les amours conçoiuent,
Ni les faueurs que les amans reçoiuent,
Ne valent pas un seul de mes ennuis.*

Heureus ennui, en toi seulet ie puis
Treuuer repos des maus qui me deçoiuent:
Et par toi seul mes paßions reçoiuent
Le dous obli du torment ou ie suis.
　Bienheureus soit mon torment qui n'empire,
Et le dous iou, sous lequel ie respire,
Et bienheureus le penser soucieus,
　Qui me repait du dous souuenir d'elle:
Et plus heureus le foudre de ses yeus,
Qui cuit mon cœur dans vn feu qui me gelle.
　　　MVRET.
Ni les combats.) Il dit que l'ennui qu'il a en aimant,
vaut plus, & lui est plus plaisant, que tous les biens, que
les autres i recoiuent.

A Ton frere Paris tu sembles en beauté,
　A ta sœur Polyxene en chaste conscience,
　A ton frere Helenin en profete science,
A ton pariure aïeul en peu de loiauté.
　A ton pere Priam en meurs de roiauté,
Au vieillart Antenor en mieleuse eloquence,
A ta tante Antigone en superbe arrogance,
A ton grand frere Hector en fiere cruauté.
　Neptune n'aßit onc vne pierre si dure
Dans tes murs, que tu es, pour qui la mort i'ēdure:
Ni des Grecs outragés l'exercite vainqueur
　Nemplit tant Iliõ de feus, de cris, & d'armes,
De soupirs, & de pleurs, que tu combles mon cœur
De brasiers, & de mors, de sanglos, & de larmes.

MVRET.

A ton frere Paris.) Il exprime les graces, & les conditions de sa dame, par comparaisons prinses de l'ancienne Troie. *A ton frere Paris.*) Paris, autrement nommé Alexandre fis de Priam, fut merueilleusement beau, comme temoigne Homere, Vergile, Ouide, Lucian, & autres. *A ta sœur Polyxene.*) Achille étant amoureus de Polyxene fille a Priam, trouua moien de parlementer aueques les Troiens, leur promettant de moienner la pais, & faire leuer le siege des Grécs, si on vouloit la lui donner en mariage. Ce que les Troiens faignirent lui acorder. Par ainsi se fiant en leur foi, il vint a Troie, la ou il fut tué par Paris, dans le temple d'Apollon Thymbrean, d'vn coup de fleche, laquelle Apollon mesme guida droit au talon, parce qu'en cette seule partie de son cors il pouuoit estre endommagé. Apres que Troie fut detruite, l'vmbre d'Achille aparut aus Grecs, commandant, que Polyxene fut decolée sur son tombeau, afin qu'il la peut epouser apres sa mort: ce qui fut fait. Mais elle donna temoignage de sa chasteté, mesme en mourant, prenant soigneusement garde a tomber tellement, que les parties, que nature a voulu cacher, ne fussent aucunement decouuertes. Euripide,

Ἡ δὲ κ, θνήσκουσ' ὅμως
Πολλὴν πρόνοιαν εἶχεν εὐσχήμως πεσεῖν,
Κρύπτειν θ' ἃ κρύπτειν ὄμματ' ἀρσένων χρεών.

Et Ouide,

Tunc quoque cura fuit partes velare tegendas,
Cum caderet, castique decus seruare pudoris.

Voi Euripide en la Tragedie, Hecuba, Ouide au tresiéme des Metamorfoses, & Seneque en la Tragedie nommée Troas. *A ton frere Helenin.*) Helenin fis de Priam fut excellent profete: d'ou est, qu'Enée parlé

ainsi a lui, dans le troisiême de l'Eneide,
Troiugena interpres diuûm, qui numina Phœbi,
Qui tripodas, Clarij lauros, qui sidera sentis,
Et volucrum linguas, & præpetis omina pennæ.
A ton pariure aieul.) A Laomedon, duquel i'ai assés
parlé ailleurs. *Au vieillart Antenor,*) Qui fut entre
les Troiens fort estimé pour son conseil, & pour son
eloquence. *A ta tante Antigone,*) Sœur de Priam, si
glorieuse qu'elle osa bien en beauté se comparer a Iunon : dequoi Iunon courroussée la conuertit en cigoigne. Voi le cinquiême de la Metamorfose. *Neptune.*)
I'ai desia dit, que Neptune & Apollon bastirent les
murailles de Troie. *Ilion,* Troie.

SI ie trepasse entre tes bras, Madame,
Il me suffit, car ie ne veus auoir
  Plus grand honneur, sinon que de me voir
En te baisant, dans ton sein rendre l'ame.
  Celui que Mars horriblement enflame,
Aille a la guerre, & manque de pouuoir,
Et ieune d'ans, s'ebate a receuoir
En sa poitrine vne Espaignole lame :
  Mais moi plus froid, ie ne requier, sinon
Apres cent ans, sans gloire, & sans renom,
Mourir oisif, en ton giron, Cassandre.
  Car ie me trompe, ou c'est plus de bonheur,
Mourir ainsi, que d'auoir tout l'honneur,
Pour viure peu, d'vn guerrier Alexandre.

MVRET.

Si ie trépasse.) A la maniere des Poëtes, il dit, que les
autres tâchent a s'aquerir gloire par hautes entreprises, & faits de guerre : car quant a soi, il aime mieus n'a-

96   LES AMOVRS

uoir point de renom, & mourir entre les bras de sa dame. Ainsi Tibulle,

Nunc leuis est tractanda Venus: dum frangere postes
Non pudet, & rixas inseruisse iuuat.
Hic ego dux, milésque bonus: vos signa, tubǽq;
Ite procul: cupidis vulnera ferte viris.

Et Properce,
Multi longinquo periere in amore libenter:
In quorum numero me quoque terra tegat.
Non ego sum laudi, non natus idoneus armis:
Hanc me militiam fata subire volunt.

Que d'auoir tout l'honneur.) Contre l'opiniõ d'Achille, qui aima mieus étandre sa renõmée que sa vie: comme il dit lui-mesme au premier de l'Iliade. Mais toutefois apres sa mort il s'en repentit, confessant a Vlysse, qu'il aimeroit mieus viure, & estre seruiteur de quelque pauure laboureur, que d'estre la bas, aiãt empire sur tous les mors. Voi l'unsiéme de l'Odyssée. C'est ce que dit Ifigenie en Euripide, que celui est insensé qui desire mourir: & que la plus malheureuse vie vaut mieus, que la plus belle mort.

Μάλνεται δ' ὃς ἔυχεται
Θανεῖν. κακῶς ζῆν κρεῖσσον ἢ θανεῖν καλῶς.

Pour voir ensemble & les chams & le bort,
Ou ma guerriere auec mon cœur demeure,
Alme Soleil, demain auant ton heure,
Monte a cheual, & galope bien fort:
Ainçois les chams, ou l'amiable effort
De ses beaus yeus ordonne, que ie meure
Si doucement, qu'il n'est vie meilleure,
Que les soupirs d'une si douce mort.

A costé droit, sus le bort d'vn riuage
Reluit apart l'angelique visage,
Que trop auare ardentement ie veus :
Là, ne se voit roc, source, ni verdure,
Qui dans son teint, or ne me raffigure
L'une ses yeus, or l'autre ses cheueus.

MVRET.

Pour voir ensemble.) Se deliberãt d'aller le lendemain voir sa dame, il prie le Soleil de se leuer plus tôt que de coutume. Telle inuention est en vn Sõnet de Bembo,
  Sorgi da l'onde auanti a l'usat' hora
  Dimane, o Sole, & ratto a noi ritorna :
  Ch'io possa il Sol, che le mie notti aggiorna,
  Veder piu tosto, & tu medesmo anchora.
Pour voir ensem!.le.) Affin que nous deus allions voir ensemble. *Alme Soleil.*) Les Latins donnent a certains dieux cet epithete, *Almus*, Cõme a Veste qui est la terre, a Venus, a Ceres, au Soleil : parce que d'iceus depend la nourriture des hommes. Les Italiens n'aians autre mot propre a exprimer la force du Latin, ont en leur langue dit, *Almo*. Parquoi, veu que les François n'en ont non plus, il ne doit sembler etrange, si le Poëte a l'exéple des Italiens, a dit, Alme. *Aincois.*) Ains plustôt pour aller voir. *Trop auare,* Trop couuoiteus.

PArdonne moi, Platon, si ie ne cuide,
Que sous la voûte & grande arche des dieus,
Soit hors du monde, ou au profond des lieus,
Que Styx emmure, il n'i ait quelque vuide.
Si l'ær est plein en sa courbure humide,
Qui reçoit donq tant de pleurs de mes yeus,
Tant de soupirs, que ie sanglote aus cieus,
Lors qu'à mon dueil Amour lâche la bride ?

h.i.

Il est du vague, ou certes s'il n'en est,
D'vn ær pressé le comblement ne naist:
Plus tôt le ciel, qui benin se dispose
  A receuoir l'effet de mes douleurs,
De toutes pars se comble de mes pleurs,
Et de mes vers qu'en mourant ie compose.

MVRET.

Pardonne moi.) Les anciens ont esté en grand douté s'il i a du vuide ou non. Leucippe, Democrite, Epicure, disoient qu'oui, & que si tout étoit plein, il n'i auroit point de mouuement. Leurs raisons sont amplement deduittes par Lucrece au premier liure. Les autres, comme les Stoiques, disoient bié, sous le ciel n'estre rien de vuide: mais que pardela le ciel étoit vn vuide infini. Toutefois la plus receüe, & comme ie croi, la plus vraie opinion est celle de Platon, d'Aristote, d'Empedocle, affermans në sous le ciel, ne dela le ciel, rien n'estre vuide, & que ce qui nous pourroit sembler vuide, est plein d'vn ær, lequel, se pressant, cede, & donne lieu aus cors fermes & solides. Voi Aristote au quatriême de Fysique, & Gerome Cardan au premier liure de Subtilité. L'auteur toutefois vsant du priuilege des poëtes, ausquels il a touiours esté libre d'aferrmer choses fausses, impugner choses vraies, ainsi que bon leur a semblé, pour mieus adapter le tout a leurs conceptions, faint ici ne pouuoir aproüer cette derniere opinion, disant, qu'il gette tát de soupirs, & de pleurs, qu'il faut necessairemét qu'il i ait quelque vuide pour les receuoir. A la fin il dit, que si tout est plein, ce n'est pas de l'ær, ains plustôt des pleurs, qu'il gette, & des carmes, qu'il compose. *Styx*, Vn des cinq fleuues d'Enfer. *Du vague*, Du vuide.

DE P. DE RONSARD 99

L'Onde & le feu, ce sont de la machine
Les deus seigneurs que ie sen pleinement,
Seigneurs diuins, & qui diuinement
Ce fais diuin ont chargé sus l'échine.
Bref toute chose ou terrestre ou diuine
Doit son principe à ces deus seulement,
Tous deus en moi viuent egallement,
En eus ie vi, rien qu'eus ie n'imagine.
Aussi de moi il ne sort rien que d'eus,
Et tour à tour en moi naissent tous deus:
Car quand mes yeus de trop pleurer i'apaise,
Rasserénant les flots de mes douleurs,
Lors de mon cœur s'exhale vne fournaise,
Puis tout soudain recommancent mes pleurs.

MVRET.

L'onde, & le feu.) Nulle chose ne peut estre engendrée sans chaleur, & sans humeur: parquoi l'auteur dit le feu & l'eau estre principes de toutes choses: & aioûte, qu'il les sent perpetuellement en soi, aiant touiours l'eau' aus yeus, & le feu dans le cœur, L'onde & le feu. Ainsi Ouide au premier des Metamorfoses,

> Quippe vbi temperiem sumpsere humórque, calórque,
> Concipiunt, & ab his oriuntur cuncta duobus:
> Cúmque sit ignis aquæ pugnax, vapor humidus omnes
> Res creat: & discors concordia fœtibus apta est.

SI l'écriuain de la mutine armée,
Eut veu tes yeus, qui serf me tiennent pris,
Les fais de Mars il n'eut iamais empris,
Et le Duc Grec fut mort sans renommée.

h ij.

Et si Paris, qui vit en la valée
La grand' beauté dont son cœur fut espris:
Eut veu la tienne, il t'eut donné le pris,
Et sans honneur Venus s'en fut allée.

Mais s'il auient ou par le vueil des Cieux,
Ou par le trait qui sort de tes beaus yeus,
Qu'en publiant ma prise, & ta conqueste,
Oultre la Tane on m'entende crier,
Iö, iö, Quel myrte, ou quel laurier
Sera bastant pour enlasser ma teste?

MVRET.

Si l'ecriuain.) Il dit, que si Homere eut veu sa dame, il n'eut iamais ecrit d'autre chose que d'elle. Si Paris l'eut veue, il lui eut adiugé la pomme d'or, plustôt qu'à Venus. Et que s'il peut chanter ses beautés, comme il l'a entrepris, il obtiendra vne gloire incomparable.
Le duc Grec, Achille, *La Tane*, Fleuue de Scythie, qui diuise l'Asie d'aueques l'Europe. *Iö, iö.* Ce mot en Latin & en Grec est signe d'alegresse. *Bastant*, Suffisant. Mot Italien.

Pour celebrer des astres deuestus,
L'heur escoulé dans celle qui me lime,
Et pour loüer son esprit, qui n'estime
Que le diuin des diuines vertus:

Et ses regars, ains trais d'Amour pointus,
Que son bel œil au fond du cœur m'imprime,
Il me faudroit, non l'ardeur de ma rime,
Mais la fureur du Masconnois Pontus.

Il me faudroit cette chanson diuine,
Qui transforma sus la riue Angeuine
L'oliue palle en vn teint plus naif,

DE P. DE RONSARD. 101

Et me faudroit vn Saingelais encore,
Et cestui la qui sa Meline adore
En vers dorés le biendisant Baïf.
   MVRET.

Pour celebrer.) Il dit, que pour louer sa dame, il lui faudroit l'esprit de quelques Poëtes de nôtre tâs lesquels il nomme. *Des astres deuestus.*) Il dit que les astres se sont dépouillés de tout ce qu'ils auoient de beau, le laissans escouler dans Cassandre. *Ains la fureur du Masconnois Pontus.*) Pontus Thyard Masconnois poëte excellát, auteur des Erreurs amoureuses. *L'oliue palle-llentéd* Ioachim du Bellai. *Saingelais.* Mellin de Saingelais, qui & en douceur, & en maiesté de vers, & en grandeur de sauoir, a de bien loin outrepassé tous ceus qui deuant lui auoient ecrit en langue Francoise. *Le biendisant Baïf.*) i'ai desia parlé souuent de Ian Antoine de Baïf, mon frere d'aliance: mais toutefois nõ tant l'amitié que ie lui porte, comme la gentilesse de son esprit me contraint encor vn coup a temoigner, qu'en la conoissance des langues Latine, Greque, & Francoise, en bonté d'esprit, en honnesteté de meurs, nôtre France en a bien peu qui l'egalent. Desquelles choses donnent suffisant argument les fruits de son esprit, lesquels il produit iournellement, n'aiant encor ataint le vintedeusiême an de son age.

E*stre indigent, & donner tout le sien,*
 Se feindre vn ris, auoir le cœur en pleinte,
 Haïr le vrai, aimer la chose feinte,
Posseder tout & ne iouïr de rien.

 Estre deliure, & trainer son lien,
Estre vaillant, & couharder de crainte,
Vouloir mourir, & viure par contrainte,
       h.iij.

De cent trauaus ne receuoir vn bien:
Auoir touiours pour vn seruil hommage,
La honte au front, en la main le dommage:
A ses pensers d'vn courage hautain
  Ourdir sans cesse vne nouuelle trame,
Sont les effets qui logent dans mon ame,
L'espoir douteus, & le tourment certain.

MVRET.

Estre indigent.) Il raconte les maus qu'il soufre pour aimer. *Trame.* Metafore prinse des tisserans.

O*Eil, qui portrait dedans les miens reposes,*
  Comme vn Soleil, le dieu de ma clarté:
  Ris, qui forçant ma douce liberté
Me transformas en cent metamorfoses.

Larme d'argent qui mes soupirs arroses,
Quand tu languis de me veoir mal traité,
Main, qui mon cœur captiues arresté
Par my ton lis, ton iuoire & tes roses.

Ie suis tant vôtre, & tant l'affection
M'a peint au vif vôtre perfection,
Que ni le tans, ni la mort tant soit forte,

  Ne sera point qu'au centre de mon sein,
Touiours graués en l'ame ie ne porte,
Vn œil, vn ris, vne larme, vne main.

MVRET.

Oeil qui portrait.) Quelque fois sa dame lui auoit fait tant de faueur, que de le regarder auec vn dous sourris, & lui tendre amoureusement la main. Parquoi il print la hardiesse de lui decouurir vne partie des passiós qu'il enduroit pour elle: ce qu'il fit aueques tant de grace, qu'elle mesmes émeue a pitié se print a larmoier. Cette priuauté lui dôna tant de plaisir, qu'il dit, que le tans ne la mort ne sauroiét faire, qu'il n'ait touiours en memoire l'œil, le ris, la larme, & la main de sa dame.

SI seulement l'image de la chose
Fait a nos yeus la chose conceuoir,
Et si mon œil n'a puissance de voir,
Si quelqu'idole au deuant ne s'oppose:
Que ne m'a fait celui qui tout compose,
Les yeus plus grans, afin de mieus pouuoir,
En leur grandeur la grandeur receuoir
Du simulacre, ou ma vie est enclose?
Certes le ciel trop ingrat de son bien,
Qui seul la fit, & qui seul vit combien
De sa beauté diuine étoit l'idée,
Comme ialous du tresor de son mieus,
Silla le Monde, & m'aueugla les yeus,
Pour de lui seul, seule estre regardée.

MVRET.

Si seulement.) Quelques anciens ont pensé que d'vn chacun cors sortoient perpetuellemét images, lesquelles se rendans dans nôtre œil, étoient cause de la veüe. Les raisons en sont au quatriême liure de Lucrece. Le Poëte donc se complaint que dieu ne lui a fait les yeus plus grans, afin qu'il peut mieus receuoir en iceus la grandeur du simulacre de sa dame. A la fin il dit, que le ciel, qui l'auoit faitte belle a perfection, voulut lui seul en auoir la veüe, & parainsi aueugla les hommes en l'endroit d'elle, comme indignes de la fruitiô d'un si grand bien. *Silla le monde,*) Lui ferma les yeus. Le mot, siller, est propre en fauconnerie.

Sous le cryſtal d'vne argenteuſe riue,
Au mois d'Auril, vne perle ie vi,
Dont la clarté m'a tellement raui,
Qu'en mes diſcours autre penſer n'arriue.

Sa rondeur fut d'vne blancheur naiue,
Et ſes raions treluiſoient a l'enui:
Son luſtre encor ne m'a point aſſouui,
Ni ne fera, non, non, tant que ie viue.

Cent & cent fois pour la peſcher à bas,
Tout recourſé, ie deualle le bras,
Et ia deſia content ie la tenoie,

Sans vn archer, qui du bout de ſon arc
A front panché me plongeant ſous le lac,
Frauda mes dois d'vne ſi douce proie.

MVRET.

Sous le cryſtal.) Par vne nouuelle allegorie, il découure le commécement de ſon amour: diſant, qu'au mois d'Auril, au bord d'vne fontaine (ainſi decouurant le lieu, & le tans, auquel il fut ſurpris) il vit vne perle belle a merueilles. Par cette perle il entend ſa dame. Dit donc, que raui par la beauté de cette perle, il s'efforçoit a la prendre, & deſia par opiniō la tenoit, quād Amour ne voulant pas, qu'il eut ſi bon marché de tant precieuſe marchandiſe, d'vn coup de trait le fit cheoir dans vn lac, tellement que ſa proie lui échapa des mains. Vne preſque pareille fiction eſt en Petrarque au CLVIII. Sonet de la premiere partie.

Oit que ſon or ſe creſpe lentement,
Ou ſoit qu'il vague en deus gliſſantes ondes,
Qui ça qui là par le ſein vagabondes,
Et ſur le col, nagent folatrement,

DE P. DE RONSARD. 105

Ou soit qu'vn noud diapré tortement
De maints rubis & maintes perles rondes,
Serre les flots de ses deus tresses blondes,
Ie me contente en mon contentement.

Quel plaisir est ce, ainçois quelle merueille,
Quand ses cheueus troussés dessus l'oreille
D'vne Venus imitent la façon?

Quand d'vn bonet son chef elle Adonise,
Et qu'on ne sait (tant bien elle deguise
Son chef douteus,) s'elle est fille ou garson?

MVRET.

Soit que son or.) Il dit, qu'en quelque sorte que sa dame se puisse acoûtrer, toutes parures lui sont fort bié seantes. *Quand d'vn bonet son chef elle Adonise.*) Quãd prenant vn bonet, elle se réd semblable a vn Adonis. Adõ, ou Adonis fut le mignon de Venus, duquel ie parlerai en vn autre lieu plus a plain. *Son chef douteus.*) Qui met en doute ceus qui le voient. Ainsi prenent quelque fois les Latins, *Ambiguus.*) Vergile,

 Transeat elapsus prior, ambiguúmque relinquat.

S'elle est fille, ou garson.) Ainsi dit Horace d'vn ieune garson nommé Gyges,

 Quem si puellarum insereres choro,
 Mirè sagaceis falleret hospites,
 Discrimen obscurum, solutis
 Crinibus, ambiguóque vultu.

De ses cheueus la rousoiante Aurore
Eparsement les Indes remplissoit,
Et ia le ciel à lons traits rougissoit
De maint émail qui le matin decore.

Quand elle vit la Nymfe que i'adore
Treſſer ſon chef, dont l'or qui iauniſſoit,
Le creſpe honneur du ſien eſblouiſſoit,
Voire elle meſme & tout le ciel encore.

Lors ſes cheueus, vergogneuſe arracha,
Si qu'en pleurant ſa face elle cacha,
Tant la beauté des beautés lui ennuie:

Et ſes ſoupirs parmi l'ær ſe ſuiuans,
Trois iours entiers enfanterent des vens
Sa honte, un feu, & ſes yeux vne pluie.

MVRET.

De ſes cheueus.) Quelque fois, ſur le point du iour, ſa dame s'étoit miſe a la feneſtre, étát encore toute echeuelée. Auint que le tans, qui auparauát étoit cler & ſerain, ſoudainement ſe changea: tellement qu'il ſe prit a venter, a eclairer, a pleuuoir. Le Poëte dit, que ce fut l'Aurore, qui voiant les cheueus de Caſſandre eſtre plus beaus que les ſiens, en eut honte, & dépit. Tellement, que de ſa rougeur furent engendrés les eclairs: des ſoupirs, qu'elle en getta, naquirent les vens : & les pleurs, qu'elle en repandit, furent cauſe de la pluie.

Aveques moi pleurer vous deuriés bien
Tertres beſſons, pour la facheuſe abſence
De cette la, qui fut par ſa preſence
Vòtre Soleil, ainçois qui fut le mien.

Las! de quels maus, Amour, & de combien
Vne beauté ma peine recompenſe!
Quand plein de honte a toute heure ie penſe,
Qu'en un moment i'ai perdu tout mon bien.

Or a dieu donc beauté qui me dedaigne:
Quelque rocher, quelque bois, ou montaigne
Vous pourra bien éloigner de mes yeus:
 Mais non du cœur, que pront il ne vous suiue,
Et que dans vous, plus que dans moi, ne viue,
Comme en la part, qu'il aime beaucoup mieus.

MVRET.

Aueques moi.) Il se plaint pour le departement de sa dame, asseurant toutefois, que quelque part qu'elle soit, son cœur sera touiours auec elle.

Tout me déplait, mais rien ne m'est si gref,
Que ne voir point les beaus yeus de Madame
Qui des plaisirs les plus dous de mon ame,
Aueques eus ont emporté la clef.
 Vn torrent d'eau s'écoule de mon chef:
Et tout confus de soupirs ie me pâme,
Perdant le feu, dont la drillante flame.
Seule guidoit de mes pensers la nef.
 Depuis le iour, que ie senti sa braise,
Autre beauté ie n'ai veu, qui me plaise,
Ni ne verrai. Mais bien puissai-ie voir
 Qu'auant mourir seulement, cette Fere
D'vn seul tour d'œil promette vn peu d'espoir
Au coup d'Amour, dont ie me desespere.

MVRET.

Tout me déplait.) Ce Sonet est presque pareil au precedent. *Drillante.*) Etincelante. *Fere.*) C'est ce que les Latins, & les Italiens disent. *Fera.*

Quand ie vous voi, ou quãd ie pense en vous,
Ie ne sai quoi, dans le cœur me fretille,
Qui me pointelle, & tout d'vn coup me pille
L'esprit emblé d'vn rauissement dous.
Ie tremble tout de nerfs & de genous :
Comme la cire au feu, ie me distile,
Sous mes soupirs : & ma force inutile
Me laisse froid sans haleine & sans pous.
Ie semble au mort, qu'on deuale en la fosse,
Ou a celui, qui d'vne fieure grosse
Perd le cerueau, dont les esprits mués
Réuent cela, qui plus leur est contraire,
Ainsi, mourant, ie ne sauroi tant faire,
Que ie ne pense en vous, qui me tués.

MVRET.

Quand ie vous voi.) Largumẽt est assés aisé. Ie tremble tout de nerfs & de genous.) Prins d'Horace, Et corde, & genibus tremit.

Morne de cors, & plus morne d'espris
Ie me trainoi' dans vne masse morte :
Et sans sauoir combien la Muse aporte
D'honneur aus siens, ie l'auois a mépris.
Mais auβi tôt, que de vous ie m'épris,
Tout auβi tôt vôtre œil me fut escorte
A la vertu, voire de telle sorte,
Que d'ignorant ie deuin bien apris.
Donques, mon Tout si ie fai quelque chose,

si dinnement de vos yeus ie compose,
Vous me causés vous mesme ces effets.
 Ie pren de vous mes graces plus parfaites:
Car ie suis manque, & dedans moi vous faites,
si ie fai bien, tout le bien que ie fais.

MVRET.

Morne de cors.) Deuãt qu'estre amoureus, il étoit tout morne & de cors & d'espris: & ne tenoit conte des lettres, iusques a ce, qu'Amour l'i excita. Parquoi s'il fait quelque chose de bon, tout l'honneur en apartient a sa dame.

LAs! sans la voir, a toute heure ie voi
Cette beauté dedans mon cœur presente:
Ni mont, ni bois, ni fleuue ne m'exente,
Que par pensée elle ne parle a moi.
 Dame, qui sais ma constance & ma foi,
Voi, s'il te plait, que le tans qui s'absente,
Depuis set ans en rien ne desaugmente
Le plaisant mal, que i'endure pour toi.
 De l'endurer lassé ie ne suis pas:
Ni ne seroi', tombassai ie la bas,
Pour mile fois en mile cors renaitre:
 Mais de mon cœur, sans plus, ie suis lassé,
Qui me déplait, & qui plus ne peut estre
Mien, comme il fut, puis que tu l'as chassé.

MVRET.

Las! sans la voir.) L'argument est facile. *Pour mile fois en mile cors renaitre.*) Selon l'opiniõ des Pythagoriens, qui disoiét les ames passer d'vn cors en autre. Voi Ouide au dernier de la Metamorfose.

Dans vn sablon la semence i'épan:
Ie sonde en vain les abymes d'vn goufre:
Sās qu'on m'inuite, a toute heure ie m'oufre:
Et sans loier mon age ie dépan.

A son portrait pour vn veu ie m'apan:
Deuant son feu mon cœur se change en soufre:
Et pour ses yeus cruellement ie soufre
Dis mile maus, & d'vn ne me repan.

Qui sauroit bien, quelle trampe a ma vie,
D'estre amoureus n'auroit iamais enuie.
Ie tremble, i'ars, ie me pai d'vn amer,

Qui plus qu'Aluine est rempli d'amertume:
Ie vi d'ennui, de dueil ie me consume:
En tel estat ie suis pour trop aimer.

MVRET.

Dans vn sablon.) Il dit qu'Amour rend sa condition si miserable, que qui bié l'entendroit, n'auroit iamais enuie d'estre amoureus. *Moufre.*) Pour m'ofre. Ainsi disent les Grecs ὄνομα pour ὄνομα: νοῦσος poür νόσος. *Quelle trāpe a ma vie.*) Metafore prinse des armuriers. Petrarque en a aussi vsé disant,

    Si ch'io mi credo homai, che monti, e piagge,
    E fiumi, e selue sappian di che tempre
    Sia la mia vita, ch'è celata altrui.

Deuant les yeus, nuit & iour, me reuient
L'idole saint de l'angelique face:
Soit que i'ecriue, ou soit que i'entrelasse
Mes vers au luth, touiours il m'en souuient.

Voiés pour dieu, comme vn bel œil me tient
En sa prison, & point ne me delasse;

DE P. DE RONSARD.

Et comme il prend mon cœur dedans sa nasse,
Qui de pensée, a mon dam, l'entretient.
O le grand mal, quand vne affection
Peint nôtre esprit de quelque impression!
I'enten alors, que l'Amour ne dedaigne
Suttilement l'engrauer de son trait:
Touiours au cœur nous reuient ce portrait,
Et maugré nous, touiours nous acompaigne.

MVRET.

Deuant les yeus.) Il môtre par son exemple, que quād Amour a vne fois engraué la beauté d'vne dame dans le cœur d'vn amant, il est impossible apres, qu'elle s'en efface.

CHANSON.

D'Vn gosier machelaurier,
   I'oi crier
     Dans Lycofron ma Cassandre,
Qui profetise aus Troiens
   Les moiens,
Qui les tapiront en cendre.

   Mais ces pauures obstinés,
Destinés
Pour ne croire a ma Sibylle,
Virent, bien que tard, apres,
   Les feus Grecs
Forcenés parmi leur ville.

Aians la mort dans le sein,
De leur main
Plomboient leur poitrine nue:
Et tordant leurs cheueus gris,
De lons cris
Pleuroient,qu'ils ne lauoient creüe.

Mais leurs cris n'eurent pouuoir
D'emouuoir
Les Grecs si charg's de proie,
Qu'ils ne laisserent sinon,
Que le nom
De ce qui fut iadis Troie.

Ainsi pour ne croire pas,
Quand tu m'as
Predit ma peine future:
Et que ie n'aurois en don,
Pour guerdon
De t'aimer,que la mort dure:

Vn grand brasier sans repos,
Et mes os,
Et mes nerfs,& mon cœur brûle:
Et pour t'amour i'ai receu
Plus de feu,
Que ne fit Troie incredule.

DE P. DE RONSARD. 113
MVRET.

D'vn gosier machelaurier.) Il parle en cette chanson à sa dame, comme si elle étoit celle Cassandre, qui fut fille a Priam: ce que i'ai desia noté en d'autres lieus. Il dit donc, que côme les Troiens se trouuerét tresmal, pour n'auoir voulu croire les predictions de leur Cassandre, ainsi s'est il affolé, par faute d'auoir creu ce que la siéne lui predisoit. Pour mieus entendre ceci, voi ce que i'ai desia dit sur deus Sonets, desquels l'vn se commêce, *Auant le tans.*) L'autre. *D'vn abusé. D'vn gosier machelaurier.*) D'vn gosier profetique. Les prestres, & prestresses anciennement, lors qu'ils vouloient profetiser, & chanter les oracles, mangeoient du laurier & s'en couronnoient aussi: afin qu'Apollon, qui aime cet arbre, prenant plaisir a leur haleine & a leur regard, leur enuoiât plus aisémét l'esprit profetique. Lycofron parlant de Cassandre.

Ἀλλ' ἄσπετον χέουσα παμμιγῆ βοήν,
Δαφνηφάγων φοιβάζεν ἐκ λαιμῶν ὄπα.

Tibulle,

Vera cano: sic vsque sacras innoxia lauros
vescar, & æternum sit mihi virginitas.

Dans Lycofron.) Lycofron natif de Chalcide fut vn des set poëtes, qui florirent du tans de Ptoleméé Filadelfe roi d'Egypte, & furent nómmés la Pleiade. Ce Lycofron, entre autres œuures, a fait vn poëme intitulé Cassandre, qui seul nous est demeuré: auquel il la feint predire les maus, qui deuoient arriuer a la ville de Troie, *Tapiront.*) Abaisseront. Ie penseroi bien, que ce verbe, tapir, vint du Grec, ταπεινοῦν, qui sinifie abaisser. *A ma Sibylle.*) Sibylles se nommoient femmes, qui predisoiét les choses a venir. Σίος, dieu: βουλή, vouloir, ou conseil. *Plomboient.*) Meurdrissoient: parce que la cher meurdrie deuient de couleur plombée.

i.i.

*Pres ton cours ie ne haste mes pas
Pour te souiller d'vne amour deshonneste:
Demeure donq.le Locrois m'amonneste:
Aus bors Gyrés, de ne te forcer pas.*

*Neptune oiant ses blasphemes d'abas,
Acabla là son impudique teste
D'vn grand rocher au fort de la tempeste.
Le ciel conduit le meschant au trespas.*

*Il te voulut, le meschant, violer,
Lors que la peur te faisoit acoller
Les piés vangeurs de sa Greque Minerue:
Moi ie ne veus, qu'à ta grandeur offrir
Ce chaste cœur, s'il te plait de souffrir
Qu'en l'immolant de victime il te serue.*

MVRET.

Apres ton cours.) Poursuiuant sa dame, & la voiant fuir, il tache a la retenir : disant qu'il ne la poursuit pas pour la violer : ains seulement pour lui sacrifier son cœur, si son plaisir est de le receuoir. *Le Locrois.*) Il entend Aiax fis d'Oilée, lequel pour auoir voulu violer Cassandre, qui fuiant la fureur des Grecs, s'etoit retirée dans le temple de Minerue, ainsi qu'il s'en retournoit en Grece, fut par la déesse foudroié: comme raconte Vergile au premier de l'Eneide. Il eut toutefois esté preserué de ce danger, s'il ne se fut prins a maugréer, disant qu'en dépit des dieus il eschaperoit. Car lors Neptune courroussé print vn quartier de quelques rochers, qui se nommoient les rochers Gyrés, & le lui lanca dans la mer : a cause dequoi, bien tôt aprés il se noia. Voi Homere au quatriême de l'Odyssée. *Les piés vangeurs.*) Les piés de Minerue, qui vangea bien l'outrage, qu'on t'auoit voulu faire dans son temple.

Piqué du nom qui me glace en ardeur,
Me souuenant de ma douce Charite,
Ici ie plante vne plante d'eslite,
Qui l'esmeraude efface de verdeur.
Tout ornement de roïalle grandeur,
Beauté, sauoir, honneur, grace, & merite,
Sont pour racine à cette Marguerite
Qui ciel & terre emparfume d'odeur.
Diuine fleur, ou ma vie demeure,
La manne tombe à toute heure, à toute heure
Dessus ton front sans cesse nouuelét :
Iamais de toi la pucelle n'aproche,
La mouche à miel, ne la faucille croche,
Ni les ergots d'vn folatre aignelét.

MVRET.

Piqué du nom.) Quiconque soit celle, pour qui ce Sonet, & vn autre encor, qui est dãs ce liure, ont esté faits, elle a nom Marguerite. D'ou ie collige, que les poëtes ne sont pas touiours si passionnés, ne si constans en amour, comme ils se font. Et combien qu'ils disent a la premiere, qu'ils peuuent aborder, que plustôt ciel & terre periroient, qu'ils en aimassent vne autre : si est ce toutefois, q̃ quand ils rencõtrent chaussure a leur pié, leur naturel n'est pas d'en faire grãd' cõscience. Aussi ne faut il. Vne bonne souris doit touiours auoir plus d'vn trou a se retirer. Il dit donc, qu'en hõneur de cette Marguerite, il plante vne fleur du mesme nom : a laquelle il souhaite, qu'elle verdoie perpetuellement, sans que chose quelconque aproche d'elle, qui la puisse aucunement offenser. *Charite*, Grace. *Qui l'esmeraude efface de verdeur.* Ainsi Petrarque,

i.ij.

Vn lauro verde, si che di colore
Ogni smeraldo hauria ben vinto e stanco.
Tout ornement.) Petrarque au mesme Sonet,
Fama, honor, e virtute, e leggiadria,
Casta bellezza in habito celeste
Son le radici de la nobil pianta.
La pucelle. Pour te cueillir a faire vn bouquet. *Les ergots.*
Le bout des piés des cheureaus. Partie pour le tout.

Depuis le iour que le trait ocieus
Graua ton nom au roc de ma memoire,
Et que l'ardeur qui flamboit en ta gloire
Me fit sentir le foudre de tes yeus:
Mon cœur ataint d'vn éclair rigoreus
Pour euiter le feu de ta victoire,
S'alla cacher dans tes ondes d'iuoire,
Et sous l'abri de tes flancs amoureus.
Là point ou peu soucieus de ma plaie
De ça de là par tes flots il s'esgaie,
Puis il se seiche aus rais de ton flambeau:
Et s'emmurant dedans leur forteresse,
Seul pâle & froid sans retourner, me laisse,
Comme vn esprit qui fuit de son tombeau.

MVRET.

Depuis le iour.) Il dit, que dès le iour, qu'il deuint amoureus, son cœur le laissant, s'en fuit vers sa dame: & depuis n'est voulu reuenir vers lui. *L'abri.*) La couuerture. Ce mot, abri, semble venir du Latin, *apricus*, cõbien qu'il sinifie tout le cõtraire. Ainsi cuide-ie, que le mot, lier, vient du Grec, λύω, qui a toutefois contraire sinification. *De tõ flãbeau.*) De ton œil. *Cõme vn esprit qui fuit de son tombeau.*) C'est vne allusion a ce que dit

Platon, que le cors n'est autre chose, qu'vn tombeau de l'ame. Parquoi les Grecs le nommét σῶμα, comme s'ils vouloient dire, σῆμα.

LE mal est grand, le remede est si bref
A ma douleur qui iamais ne s'alente,
Que bas ne haut, des le bout de la plante,
Ie n'ai santé, iusqu'au sommet du chef.

L'œil qui tenoit de mes pensers la clef,
En lieu de m'estre vne estoile brillante,
Parmi les flots de l'amour violante,
Contre vn orgueil a fait rompre ma nef.

Vn soin meurtrier soit que ie veille ou songe,
Tigre affamé, le cœur me mange & ronge,
Suçant tousiours le plus dous de mon sang :

Et le penser qui me presse & represse,
Et qui iamais en repos ne me laisse,
Comme vn mâtin, me mord tousiours au flanc.

MVRET.
Le mal est grand. Il raconte la misere, & le desespoir, ou Amour l'a reduit. Vne étoile brillante.) Estincellate.
Ma nef.) Mon esperance.

AMour, si plus ma fieure se renforce,
Si plus ton arc tire pour me blesser,
Auāt mes iours, i'ai grand' peur de laisser
Le verd fardeau de ceste ieune escorse.

Ia de mon cœur ie sen moindre la force
Se transmuer pour sa mort auancer,
Deuant le feu de mon ardant penser,
Non en bois verd, mais en poudre d'amorce.
i.iij.

Bien fut pour moi le iour malencontreus,
Quand ie humai le bruuage amoureus,
Qu'à si lons traits me verſoit vne oeillade:
O fortuné! ſi pour me ſecourir,
Des le iour meſme Amour m'euſt fait mourir,
Sans me tenir ſi longuement malade!

MVRET.

Amour ſi plus.) Tout ce Sonet n'a rien, qui ne puiſſe aiſément eſtre entendu.

SI doucement le ſouuenir me tente
De la mieleuſe & fieleuſe ſaiſon,
Ou ie perdi la loi de ma raiſon
Qu'autre douleur ma peine ne contente.
Ie ne veus point en la plaie de tante
Qu'Amour me fit, pour auoir guariſon,
Et ne veus point, qu'on m'ouure la priſon,
Pour affranchir autre part mon attente.
Plus que venin ie fui la liberté,
Tant i'ai grand peur de me voir eſcarté
Du dous lien qui doucement offenſe:
Et m'eſt honneur de me voir martyrer,
Sous vn eſpoir quelquefois de tirer
Vn ſeul baiſer pour toute recompenſe.

MVRET.

Si doucement.) Le ſouuenir de ſa prinſe, ſa captiuité, & ſon torment le delectent ſi fort, qu'il ſeroit marri de ſe voir en liberté. Car il eſtime que le ſeul eſpoir d'obtenir quelquefois vn baiſer de ſa dame eſt ſuffiſant pour alleger toutes ſes peines.

Amour archer d'vne tirade ront
Cent traits sur moi, & si ne me conforte
D'vn seul regard, celle pour qui ie porte
Le cœur aus yeus, les pensers sus le front.

D'vn Soleil part la glace qui me fond,
Et mesbais que ma froideur n'est morte
Au feu d'vn œil, qui d'vne flame acorte
Me fait au cœur vn vlcere profond.

En tel estat ie voi languir ma vie,
Qu'aus plus chetifs ma langueur porte enuie
Tant le mal croît & le cœur me defaut:

Mais la douleur qui plus comble mon ame
De desespoir, c'est qu' Amour & Madame
Sauent mon mal, & si ne leur en chaut.

MVRET.

Amour archer.) L'argument est facile. *D'vn Soleil.* Il entéd sa dame. *D'vne flame acorte.* Gétile. Mot Italien.

IE vi ma Nymfe entre cent damoiselles,
Comme vn Croissant par les menus flabeaus,
Et de ses yeus plus que les astres beaus
Faire oscurcir la beauté des plus belles.

Dedans son sein les Graces immortelles,
La Gaillardise, & les frères iumeaus,
Aloient volant comme petits oiseaus
Parmi le verd des branches plus nouuelles.

Le ciel raui, que son chant émouuoit,
Roses, & lis, & ghirlandes pleuuoit
Tout au rond d'elle au millieu de la place:

i.iiij.

Si qu'en despit de l'iuer froidureus,
Par la vertu de ses yeus amoureus,
Vn beau printans s'esclouit de sa face.
MVRET.
Ie vi ma Nymfe.) Il decrit l'excelléte beauté de sa dame, qui au millieu de l'iuer, fit reuenir vn printãs. Cóme *vn Croissant.*) Ainsi Horace,   -*micat inter omnes*
  Iulium sidus, velut inter ignes
   Luna minores.
La Gaillardise.) Que les Italiés apellét. *Leggiadria* Les Latins. *Lasciuia. Les freres iumeaus.* Les Amours. *Chirlandes.*) Chapeaus de fleurs. Mot Italien. *S'eclouit* sortit.

Plus mile fois, que nul or terrien,
 I'aime ce front, ou mon Tyran se ioüe,
 Et le vermeil de cette belle ioüe,
Qui fait honteus le pourpre Tyrien.

 Toutes beautés a mes yeus ne sont rien,
Au pris du sein, qui lentement secoüe
Son gorgerin, sous qui, per a per, ioüe
Le branle egal d'vn flot Cytherien.

Ne plus ne moins, que Iuppiter est aisé,
Quand de son luth quelque Muse l'apaise,
Ainsi ie suis de ses chansons épris,

Lors qu'a son luth ses dois elle embesoigne,
Et qu'elle dit le branle de Bourgoigne,
Qu'elle disoit, le iour que ie fus pris.

MVRET.
Plus mile fois.) Il loüe le front, la ioüe, le sein de sa dame: & la bône grace qu'elle a, lors qu'elle ioue du luth.
Mon Tyran.) Amour. *Tyrien.*) De Tyros vile de Fœnicie le meilleur pourpre étoit anciennement aporté. Le

branle egal.) Il entend vn petit tremblement de tetins doucemét repouſſans le gorgerin. *Cytherien.*) Venerié. *Ne plus ne moins que Iuppiter eſt aiſe.*) Heſiode dit que les Muſes en chantant, & iouant du luth, recreent l'eſprit de Iuppiter.

Τύνη,μουσάων ἀρχώμεθα,ταί δὶ πατρὶ
Ὑμνεῦσαι, τέρπουσι μέγαν νόον αἰὲν ὀλύμπου.

CElle qui eſt de mes yeus adorée,
Qui me fait viure entre mile treſpas,
Chaſſant vn cerf, ſuiuoit hier mes pas,
Com' ceus d'Adon Cyprine la dorée:
Quand vne ronce en vain enamourée,
Ainſi que moi, du vermeil de ſes bras,
En les baiſant, lui fit couler a bas
Vne liqueur de pourpre colorée.
La terre adonc, qui ſoigneuſe, receut
Ce ſang diuin, tout ſus l'heure conceut
Pareille au ſang vne rouge fleurette:
Et tout ainſi que d'Helene naquit
La fleur, qui d'elle vn beau ſurnom aquit,
Du nom Caſſandre elle eut nom Caſſandrette.

MVRET.

Celle qui eſt.) Il raconte, cóment ainſi qu'il aloit chaſſer vn cerf, ſa dame, qui le ſuiuoit, fut piquée d'une ronce: & que du ſang qui ſortit de ſon bras, fut ſoudainement engendrée vne fleur, qui eut nom, Caſſandrette.

Com',) Comme. Tout ainſi que Venus ſuiuoit Adon alant a la chaſſe. *Cyprine,* Venus. *La dorée.* La belle. Ainſi l'apellent les Grecs χρυσῆ, ou πολύχρυσος. Mimnerme,

Ὡς οὐδ'ἕν μοι τερπνὸν ἄτερ χρυσῆς ἀφροδίτης.

Homere,

Μῆσά μοι ἔννεπε ἔργα πολυχρύσου ἀφροδίτης.
Vergile
Iuppiter hæc paucis: at non Venus aurea contrà
Pauca refert.

Quand vne ronce en vain enamourée.) Ainsi dit Theocrite que le sangler, par qui Adonis fut mortellement blessé, etoit amoureus de la beauté d'icelui. *Vne liqueur.*) Il ne veut pas dire bonnement, que ce fut sang, mais vne liqueur ressemblâte a sang: ou a tout le moins vn sang celeste & diuin, tel qu'Homere le dit couler des dieus, lors qu'ils sont blessés. Comme parlant de Venus blessée par Diomedes,

-ῥέε δ' ἄμβροτον αἷμα θεοῖο
Ἰχώρ, οἷός πέρ τε ῥέει μακάρεσσι θεοῖσιν.
Οὐ γὰρ σῖτον ἔδουσ', οὐ πίνουσ' αἴθοπα οἶνον.
Τ' οὕνεκ' ἀναίμονές εἰσι, κ' ἀθάνατοι καλέονται.

Et tout ainsi que d'Helene.) Pline dit que la fleur nommée par les latins *Inula*, naquit des larmes d'Helene: d'ou est que les Grecs l'apellent, Helenium. Ainsi dit on, que le lis naquit du lait de Iunon.

Sur mes vint ans, pur d'offence, & de vice,
Guidé, mal caut, d'vn trop aueugle oiseau,
Aiant encor le menton damoiseau,
Sain & gaillard ie vins a ton seruice:
Ores forcé de ta longue malice,
Ie m'en retourne auec vne autre peau,
En chef grison, en perte de mon beau:
Et pour t'aimer il faut que ie perisse.
Helas! que di-ie! ou veus-ie retourner!
En autre part ie ne puis seiourner,
Ni viure ailleurs, ni d'autre amour me paitre.
Demeuron donc dans le camp fortement:
Et puis qu'au moins veinqueur ie ne puis estre,

Que l'arme au poin ie meure honnestement.
MVRET.
Sur mes vint ans.) Il est assés aisé de soi.

Franc de trauail, vne heure ie n'ai peu
Viure, depuis que les yeus de ma Dame
Mielleusement, verserent dans mon ame,
Le dous venin, dont mon cœur fut repeu.
  Ma chere neige, & mon cher & dous feu,
Voiés comment ie m'englace & m'enflame:
Comme la cire aus raions d'vne flame,
Ie me consume, & vous en chaut bien peu.
  Bien est il vrai, que ma vie est heureuse,
De s'écouler doucement langoureuse,
Dessous vôstre œil, qui iour & nuit me point.
  Mais si fault il que vôtre bonté pense,
Que l'amitié d'amitié se compense,
Et qu'vn Amour sans frere ne croit point.
MVRET.
Franc de trauail.) Depuis qu'il fut amoureus, il n'a peu auoir vne seule heure de repos. Parainsi prie il sa dame, d'auoir quelque égart a la peine qu'il soufre: cõfessant bien, qu'il est trop heureus de lãguir pour elle: mais la priant toutefois de penser, qu'il est mal aisé qu'vne amour croisse, ou dure tousiours, si elle n'est reciproque, & mutuelle. Mielleusemẽt. Doucemẽt. Le dous venin. Ainsi mesmes est nommé l'amour par Vergile,
Occultum inspires ignem, fallásque veneno.
Ma chere nege. Ce quatrain est prins d'ũ Sonet de Bẽbo,
Vua mia neue, e caro e dolce foco,
Vedete, com' io agghiaccio, & com' io auampo,
Mentre, qual cera, ad hor ad hor mi stampo
Al vostro segno, e voi di cio cal poco.

Que l'amitié d'amitié se compense.) Selon Martial, qui dit,- *Paule, ut ameris, ama.* Et Bion en quelques fragmés, qui nous sont restés de ses Bucoliques,

Στέργετε τοὺς φιλέοντας, ἵν' ἢν φιλέητε, φιλῆσθε.

Et qu'un Amour sans frere ne croit point.) Voi ce qu'en dit Heroët en vn petit discours, qu'il en fait apres sa parfaitte amie.

D'*Amour ministre, & de perseuerance,*
Qui iusqu'au fond l'ame peus émouuoir,
Et qui les yeus d'vn aueugle sauoir,
Et qui les cœurs voiles d'vne ignorance.
Vaten ailleurs chercher ta demeurance,
Vaten ailleurs quelqu'autre deceuoir,
Ie ne veus plus chés moi te receuoir,
Malencontreuse & mechante esperance.
Quand Iuppiter, ce lâche criminel,
Teignit ses mains dans le sang paternel,
Derrobant l'or de la terre ou nous sommes,
Il te laissa, Harpye, & salle oiseau,
Cropir au fond du Pandorin vaisseau,
Pour enfieller le plus dous miel des hommes.

MVRET.

D'amour ministre.) L'esperance en la vie humaine produit de grans biens, & de grans maus. Par elle tel est quelque fois retenu en vie, qui autrement par la force des calamités seroit induit a occire soi-mesme: selon le dit d'Ouide,

Viuere spe vidi, qui moriturus erat.

Par ainsi disoit Menandre

Ἄνθρωπος ἀτυχῶν σώζεθ' ὑπὸ τῆς ἐλπίδος.

Mais au rebours elle est quelque fois dommageable a merueilles, repaissant les hommes d'vn vain obget, &

leur faisant entreprendre choses, desquelles ils ne sauroient venir a fin, par tel moien les acheminant a vne infinité de malheurs. Et c'est ce que dit Euripide,

Ἐλπὶς βροτοῖς κάκιςον. ἣ πολλὰς πόλεις
Συνῆψ' ἄγουσα θυμὸν εἰς ὑπερβολάς.

Mais aus amoureus elle est le plus souuent nuisible, les entretenãt touiours en leur follie, & empeschãt qu'ils ne se desempestrent du lien d'Amour. Et cõbien qu'elle semble aucunement soulager leur martyre, si est ce au vrai, qu'elle ne sert sinon a plus fort les tourmenter, faisant qu'ils sont iour & nuit béans apres çe qu'ils ne peuuent obtenir: la ou s'ils n'etoient ainsi alléchés par elle, le premier refus leur seruiroit de guerison. Le poëte donc conoissant l'esperance estre nourrice de ses afflictions, la reiette & deteste, disant que Iuppiter ne l'a laissée entre les hommes, sinõ pour troubler leur aise, & empescher leur felicité. Ce Sonet est prins en partie d'un de Bembo, qui commence,

Speme, che gli occhi nostri veli, e fasci.

Et qui les yeus.) Qui voiles, & bandes les yeus, & les cœurs d'une ignorance, les asseurant de ce qui est incertain, leur persuadant de sauoir ce qu'ils ignorent.

Quand Iuppiter.) Il suit pour cette heure l'opinion de ceus, qui disent que Iuppiter couppa les parties honteuses a son pere Saturne, entre lesquels est Fulgẽtius.

Derrobant lor.) Mettant fin au siecle d'or: lequel les poëtes disent auoir esté sous Saturne. Voi Ouide au premier des Metamorfoses. *Cropir au fond du Pandorin vaisseau.*) I'ai ailleurs raconté la fable de Pandore. Hesiode dit, que tout sortit du vaisseau, fors l'esperãce, qui fut enfermée dedans.

Μόνη δ' αὐτόθι ἐλπὶς ἐν ἀρρήκτοισι δόμοισιν
Ἔνδον ἔμιμνε πίθου ὑπὸ χείλεσιν, οὐδὲ θύραζε
Ἐξέπτη.

Pour enfieller.) Pour rendre fiel le miel des hommes. C'est a dire, pour mesler quelque amertume parmi les choses qui leur sont les plus agreables.

FRanc de raison, esclaue de fureur,
Ie vois chassant vne Fere sauuage,
Or sur vn mont, or le lon d'vn riuage,
Or dans le bois de ieunesse & d'erreur.
I'ai pour ma lesse vn lan trait de malheur,
I'ai pour limier vn trop ardent courage,
I'ai pour mes chiens, & le soin, & la rage,
Le déplaisir, la peine, & la douleur.
Mais eus voiant que plus elle chassée,
Loin loin deuant moins s'enfuit eslancée,
Tournant sur moi la dent de leur effort.
Comme mastins affamés de repaitre,
A lons morceaus se paissent de leur maitre,
Et sans merci me trainent à la mort.

MVRET.

Franc de raison.) Il veut dire que les affections amoureuses, qui lui rongent perpetuellemét le cœur, le conduisent a la mort. Mais il traitte cela par vne fort gentile allegorie, comparát son amour a vne chasse: & dit, que, s'estant osté hors du iou de raison, pour s'assugettir a fureur, il poursuit vne Fere sauuage, c'est a dire sa dame: aiant pour limier, l'ardeur de son courage, & les affections en lieu dautres chiens. Mais que ses chiens voians que la Fere ne veut aucunemét fuir deuant eus: ains leur fait teste, si bien, qu'ils ne la peuuét acrocher: de dépit se ruent contre leur maitre, & le deuorent. C'est vne allusió a la fable d'Actæon, qui est recitée au rtoisiéme des Metamorfoses. *Vn lon trait.*) Vn trait est la corde, auec laquelle on mene les limiers a la chasse. Mot de venerie.

L E Ciel ne veut, Dame, que ie ioüisse
De ce dous bien que dessert mon deuoir:
  Aussi ne veus-ie, & ne me plaît d'auoir
Sinon du mal en vous faisant seruice.
  Puis qu'il vous plaît, que pour vous ie languisse,
Ie suis heureus, & ne puis receuoir
Plus grand honneur, qu'en mourant, de me voir
Faire a vos yeus de mon cœur sacrifice.
  Donc si ma main, maugré moi, quelquefois
De l'amour chaste outrepasse les lois,
Dans vôtre sein cherchant ce qui m'embraise,
  Punisses la du foudre de vos yeus,
Et la brulés: car i'aime beaucoup mieus
Viure sans main, que ma main vous deplaise.

       MVRET.

Le Ciel ne veut.) Il n'i a rien qui requiere grande exposition.

B Ien que sis ans soient ia coulés derriere
Depuis le iour, que l'homicide trait,
  Au fond du cœur, m'engraua le portrait
D'une humble fiere, & fiere humble guerriere:
  Si suis-ie heureus d'auoir veu la lumiere
En ces ans tars, pour auoir veu le trait
De son beau front, qui les graces attrait
Par une grace aus Graces coutumiere.
  Le seul Auril de son ieune printans,

Endore,emperle,enfrange noſtre tans,
Qui n'a ſeu voir la beauté de là belle,
Ni la vertu,qui foiſonne en ſes yeus,
Seul ie l'ay veüe,auſſi ie meur pour elle,
Et plus grand heur ne m'ont donné les cieus.

MVRET.

Bien que ſis ans. Combien que par l'eſpace de ſis ans, il ait eſté en perpetuel martyre,pour l'amour de ſa dame: ſi eſt ce,qu'il ſe ſent bieheureus,d'auoir eu la veüe d'vne ſi excellante beauté, ſeul ornement de nôtre age. Il dit d'auantage,qu'il eſt ſeul,qui l'a parfaittemēt veüe, ce qui luy a cauſé la mort: & que c'eſt le plus grand heur,qu'il receut iamais. *Humbleſiere,* Humble en port,& en maintien,mais fiere contre mes prietes. *D'auoir veu la lumiere,* D'eſtre né. *En ces ans tards,* En ce dernier age. *Qui les graces attrait Par vne grace aux Graces coutumiere.* Le mot, grace, ſe prend ici en trois ſortes. Au premier lieu il ſinifie,les amitiés:au ſecond, ce que les Latins apellent, *decor*: au tiers, c'eſt vn nom propre des trois deeſſes, que les Grecs nommēt, Charites. *Le ſeul Auril de ſon ieune printās,* La ſeule beauté de ſa ieuneſſe. *Endore, emperle,enfrange,)* Orne. Mots faits à l'imitation de Petrarque. *Seul ie l'ai veue.* Il a dit deuant,au Sonet qui ſe commence, *Si ſeulement,* que ne lui, ne les autres ne l'auoient veüe: maintenant il dit, qu'il la veüe, & que les autres n'ont ſeu la voir. Mais cette inconſtance,& telles petites contradictions ſont familieres aus amoureus.

Si ce grand *Dieu le pere de la lyre,*
Qui va bornant aus Indes ſon reueil,
Ains qui d'vn œil,mal apris au ſomeil
De ça de là,toutes choſes remire,

Lamente encor, pour le bien ou i'aspire,
Ne suis-ie heureus, puis que le trait pareil,
Qui d'outre en outre entame le Soleil,
Mon cœur entame à semblable martire?

Dea, que mon mal contente mon plaisir,
D'auoir osé pour compagnon choisir,
Vn si grand Dieu? Ainsi par la campagne,
Le beuf courbé dessous le iou pesant,
Traine le fais plus leger & plaisant,
Quand son trauail d'vn autre s'acompagne.

MVRET.

Si ce grand dieu.) I'ai dit deuant, qu'Apollon fut amoureus de Cassandre. L'auteur dit, qu'il s'estime heureus, d'auoir vn si grand dieu pour compagnon d'amours: & que sa peine lui en semble beaucoup plus legere. *Si ce gräd dieu.*) Apollō, le Soleil. *Le pere de la lyre.* Horace baille cet epithete a Mercure.

Te canam, magni Iouis, & deorum
Nuncium, curuæq; lyræ parentem.

Toutes choses remire,) Voit. Ainsi Orphée,
Κλῦθι μάκαρ, πανδερκὲσ ἔχων αἰώνιον ὄμμα.

Ce petit chien, qui ma maitresse suit,
Et qui iappant ne reconoit personne,
Et cet oiseau, qui mes plaintes resonne,
Au mois d'Auril soupirant toute nuit:
Et cette pierre, ou quand le chaut s'enfuit
Seule aparsoi pensiue s'arraisonne,
Et ce Iardin, ou son pouce moissonne,
Tous les Tresors que Zephyre produit:
Et cette dance, ou la fleche cruelle,

Iz. i.

M'outreperça, & la saison nouuelle,
Qui tous les ans rafraichit mes douleurs,
Et son oeillade, & sa parolle sainte
Et dans le cœur sa grace que i'ai peinte,
Baignent mon sein de deus ruisseaus de pleurs.
MVRET.
Ce petit chien.) Il nombre beaucoup de choses, desquelles ou le regard, ou louïe, lui remettant en memoire le commencement de ses amours, le côtraint a pleurer, *Moissonne Tous les tresors,*) Amasse les fleurs. Zephyre, Qui est vn vent fort apte a la generation, a cause qu'il est chaut & humide. Iustin dit, que quand ce vent souffle, les iumans en Espaigne concoiuét au seul hannissement des cheuaus étans a lautre riue.

E*Ntre tes bras, impatiant Roger,*
Pipé du fard de magique cautelle,
Pour refroidir ta chaleur immortelle,
Au soir bien tard Alcine vint loger.

Opiniâtre à ton feu soulager,
Ore planant, ore noüant sus elle,
Dedans le gué d'vne beauté si belle,
Toute vne nuit tu apris à nager.

En peu de tans le gracieus Zephyre,
Heureusement empoupant ton nauire,
Te fit surgir dans le port amoureus:

Mais quand ma nef de s'aborder est preste,
Touiours plus loin quelque horrible tempeste
La singlé en mer, tant ie suis malheureux.
MVRET.
Entre tes bras.) Il se plaint que sa fortune ne lui est

aussi fauorable en amours, cóme elle fut a Roger, lequel des le premier soir qu'il arriua au chateau de la belle magicienne Alcine, obtint d'icelle ce que les amans souhétent le plus. Pour entendre ceci, voi l'Arioste au settiême chant. *Empoupant ton nauire.*) Te conduisant a ton gré. Les vens qui empoupent le nauire, c'est adire, qui le frappent par le derriere (que les mariniers nomment la poupe) aident merueilleusement son cours, & sont apellés par les Latins, *venti secundi, quòd nauem sequantur.* Dela est que le vulgaire François dit cellui auoir vent en poupe, a qui ses affaires succedent bien. *Surgir.*) C'est ce que les Latins disent, *Appellere. La single,*) La pousse. Mot de marine.

Ie te hai peuple, & m'en sert de tesmoin,
 Le loir, Gastine, & les riues de Braie,
 Et la Neuffaune, & l'humide saulaie,
Qui de Sabut borne l'extreme coin.
 Quand ie me pers entre deus mons bien loin,
M'arraisonnant seul a l'heure i'essaie
De soulager la douleur de ma plaie,
Qu'Amour encharne au plus vif de mon soin.
 Là pas à pas, Dame, ie rememore
Ton front, ta bouche, & les graces encore
De tes beaus yeus trop fidelles archers:
 Puis figurant ta belle idole feinte
Dedans quelque eau, ie sanglote vne pleinte,
Qui fait gemir le plus dur des rochers.

MVRET.

Ie te hai peuple.) Il dit, que les lieus frequentés lui sont en haine, & qu'il n'aime que les lieus solitaires, pour mieus a son aise péser aus beautés de sa dame, & pour

librement se complaindre, & soupirer. *Ie te hai peuple.*
Ainsi Horace,
    Odi profanum vulgus, & arceo.
        Et Petrarque,
    Cercato ho sempre solitaria vita,
    (Le riue il sanno, è le campagne, e i boschi)
    Per fuggir questi ingegni sordi, e loschi,
    Que la strada del ciel hanno smarrita.

Le Loir. Riuiere, qui passe prés de Vandôme. *Castine,*
Nō de forest. Braie Autre petite riuiere. *La Neuffau-*
ne. Forest. *Sabut.* Colline fertile en bons vins.

N*On la chaleur de la terre, qui fume*
Béant de soif au creus de son profond :
Nō l'Auantchien, qui tarit iusqu'au fond
Les tiedes eaus, qu'ardant de soif il hume :
Non ce flambeau qui tout ce monde alume
D'un bluetter qui lentement se fond,
Bref ni l'esté, ni ses flames ne font
Ce chaut brazier qui m'embraize & consume.
Vos chastes feus, esprits de vos beaus yeus,
Vos dous éclairs qui rechaufent les dieux,
Seuls de mon feu eternizent la flame :
Et soit Phœbus attelé pour marcher
Deuers le Cancre, ou bien deuers l'Archer,
Vôtre œil me fait un esté dans mon ame.

MVRET.

Non la chaleur.) Il dit, que la chaleur, qu'il sent en soi, ne procede d'autre part, que des beaus yeus de sa dame. *l'Auantchien.*) C'est le nom d'un astre nommé par les Grecs προκύων, par Cicerō en la traduction d'Arat, *Antecanis,* mais en prose, *Canicula:* D'ou sont dits les iours Caniculiers, qui sont les plus chaus, & les plus dangereus de toute l'année. *Ce flambeau.* Le Soleil. *D'vn bluetter.*) Bluettes sont petites etincelles qu'on voit quasi se fondre par l'aër, aus plus chaus iours de l'esté. *Phœbus.* Le Soleil. *Attelé.* Parce que les poëtes lui donnent vn chariot. *Deuers le Cancre.* Auquel le Soleil entre, selon Ptolemæe, le xvii. de Iuin. Ou bien *deuers l'Archer.* Auquel il entre, le xviii. de Nouëbre.

Ni ce coral, qui double se compasse,
Sur meinte perle entée doublement,
Ni cette bouche ou vit fertilement
Vn mont d'odeurs qui le Liban surpasse,
Ni ce bel or qui frisé s'entrelasse
En mille nouds mignardés gaiement,
Ni ces œillets égalés vniment
Au blanc des lis encharnés dans sa face,
Ni de ce front le beau ciel éclarci,
Ni le double arc de ce double sourci,
N'ont à la mort ma vie abandonnée:
Seuls vos beaus yeus (ou le certain archer,
Pour me tuer d'aguet se vint cacher)
Deuant le soir finissent ma iournée.

MVRET.

Ni ce coral) Toutes les autres beautés de sa dame ne l'emeuuent point, au pris des yeus. *Ni ce coral.*) Les leures. *Sur mainte perle* Il entend les dans. *Le Liban.* Montaigne de Syrie copieuse en arbres odoriferans. *Ni ce bel or.* Le poil. *Ni ces œillets,* Cette vermeille blácheur de la face. *Le certain archer,* Amour. *Deuant le soir finissent ma iournée.*) Auancent ma mort. Imitation de Petrarque.

lz.iij.

DE *toi,Paschal,il me plait que i'écriue,*
Qui de bien loin le peuple abandonnant,
Vas de l'Arpin les tresors moissonnant,
Le lon des bors ou ta Garonne arriue.

Haut d'vne langue eternellement viue,
Son cher Paschal Tolose aille sonnant,
Paschal Paschal Garonne resonnant,
Rien que Paschal ne responde sa riue.

Si ton Durban l'honneur de nostre tans
Lit quelque fois ces vers par passe tans,
Di lui,Paschal(ainsi l'âpre secousse
Qui m'a fait choir,ne te puisse émouuoir)
Ce pauure Amant estoit dinne d'auoir
Vne maitresse ou moins belle,ou plus douce.

MVRET.

De toi,Paschal.) Il adresse ce Sonet a Pierre Paschal gentilhomme natif du bas pais de Languedoc, hôme, outre la conoissance des sciences dignes d'vn bon esprit(ausquelles il a peu d'égaus)garni d'vne telle eloquence Latine,que mesme le Senat de Venise s'en est quelque fois emerueillé. Les huit premiers vers apartienent a la louange dudit Paschal. L'argument des sis derniers est aisé de soi. *Vas de l'Arpin les tresors moissonnant.*)Vas soigneusement recueillant les richesses de l'eloquence de Ciceron.Il dit cela , parce que Paschal est vn des hommes les mieus versés en Ciceron, qui viuent pour le iourd'hui. *Garonne.* Fleuue passant a Tolose,la ou Paschal fait sa plus ordinaire residance. *Si ton Durban.*Michel Pierre de Mauleon Protonotere de Durbã,côseiller en parlement a Tolose, hôme tant excellét qu'il semble,q̃,côme lon dit, Fortune, & Na-

ture, & les Dieus se soiét efforcés a le cōbler de toutes
choses souhétables. Entre luy & Paschal est vne si grā-
de amitié, qu'elle est suffisante pour effacer toutes cel-
les, qui sont par les anciens auteurs recōmādées. Mais
ie ne sauroi mieus les louer, que par les parolles de
l'auteur, lequel ecriuant vne Ode a Durban, dit ainsi.

 Le Ciel ne t'a pas seulement
 Elargi prodigalement
 Mile presans: mais d auantage
 Il veut, pour te fauoriser,
 Te faire vanter, & priser
 Par les plus doctes de nôtre age.

 Languedoc me sert de témoin,
 Voire Venise, qui plus loin
 S'émerueilla de voir la grace
 De ton Paschal, qui louangeant
 Les Mauleons, a la vangeant
 L'outrage fait contre ta race.

 Lors qu'au milieu des Peres vieus,
 Degorgeant le present des dieus,
 Par les torrens de sa harangue,
 Il embla l'esprit des oians,
 Comme épics ca & la ploians
 Desous le dous vent de sa langue.

D I l'vn des deus, sans tant me deguiser
 Le peu d'amour que ton semblant me porte:
 Ie ne sauroi, veu ma peine si forte,
Tant lamenter ne tant Petrarquiser.
 Si tu le veus, que sert de refuser
Ce dous present dont l'espoir me conforte?

         lz iiij.

Si non, pourquoi, d'vne esperance morte
Pais tu ma vie affin de l'abuser?
 L'vn de tes yeus dans les enfers me ruë,
 L'autre à l'enui tour à tour s'éuertuë
 De me remettre en paradis encor:
  Ainsi tes yeus pour causer mon renaitre,
  Et puis ma mort, sans cesse me font estre
  Ore vn Pollux, & ores vn Castor.

MVRET.

Di l'vn des deus.) Il prie quelqu'vne (ie ne puis penser que ce soit Cassandre: car il ne parleroit pas si audacieusement a elle) de lui accorder rondement ce qu'il demande, ou de lui refuser tout a plat. Petrarquiser.) Faire de l'amoureus transi, comme Petrarque. Ore vn Pollux, & ores vn Castor. I'en ai racôté la fable ailleurs.

L'An mil cinq cens contant quarante & sis,
 Dans ses cheueus vne beauté cruelle.
 (Ne sai quel plus, las, ou cruelle ou belle)
Lia mon cœur de ses graces épris.
 Lors ie pensoi, comme sot mal apris,
 Né pour souffrir vne peine immortelle,
 Que les crespons de leur blonde cautelle
Deus ou trois iours sans plus me tiendroient pris.
  L'an est passé, & l'autre commence ores
  Ou ie me voi plus que deuant encores
  Pris dans leurs rets: & Quand par fois la mort
   Veut délacer le lien de ma peine,
   Amour tousiours pour l'ennoüer plus fort,
   Oint ma douleur d'vne esperance vaine.

MVRET.

L'an mil cinq cens.) L'argument est facile. Vne telle description du tans est dans Petrarque,
*Mille trecento ventisette, a punto
Su l'hora prima, il di sesto d'Aprile,
Nel Labirinto intrai:ne veggio, ond' esca.*

A Toi chaque an i'ordonne vn sacrifice
Fidele coin, ou tremblant & poureus,
Ie descouuri le trauail lingoureus
Que i'enduroi, Dame, en vôtre seruice.
Vn coin vraiment plus seur ne plus propice
A deceler vn tourment amoureus,
N'est point dans Cypre, ou dans les plus heureus
Vergers de Gnide, Amathonte, ou d'Eryce.
Eussai-ie l'or d'vn peuple ambicieus,
Tu toucherois, nouueau temple, les cieus,
Elabouré d'vne merueille grande:
Et là dressant à ma Nymfe vn autel,
Sur les pilliers de son nom immortel,
I'appenderoi mon ame pour offrande.

MVRET.

A toi chaque an.) Il auoit trouué sa dame en quelque coin à l'écart, ou s'enhardissant de lui decouurir le torment auquel il étoit, pour l'amour d'elle, fit tant, que pour cette fois, elle fut assés gracieuse enuers lui. Parquoi il rend graces a ce coin, disant, qu'il lui sacrifiera tous les ans, & que s'il étoit suffisamment riche, il i edifieroit vn tresmagnifique temple en l'honneur de sa

dame. *Cypre*, Ile sacrée a Venus. *Cnide, Amathonte*,)
Viles aussi dediées a Venus. *Eryce*, Montaigne de Sicile, ou étoit vn beau temple de Venus.

LE pensement, qui me fait deuenir
Hautain & braue, est si dous que mon ame
Desia desia impuissante, se pâme,
Ivre du bien qui me doit auenir.

Sans mourir donq, pourrai-ie soutenir
Le dous combat, que me garde Madame,
Puis qu'vn penser, si brusquement l'entame,
Du seul plaisir d'vn si dous souuenir?

Helas, Venus, que l'écume feconde,
Non loin de Cypre, enfanta dessus l'onde,
Si de fortune en ce combat ie meurs,

Reçoi ma vie, O deesse, & la guide
Parmi l'odeur de tes plus belles fleurs,
Dans les vergers du paradis de Gnide.

MVRET.

Le pensement.) Quelque bône dame (a ce que i'en puis penser) auoit fait promesse de lui faire quelque bon traittement. Parquoi preuoiant le plaisir, qu'il deuoit receuoir, il prie Venus, si de fortune il meurt en si honneste combat, qu'elle l'emporte en son paradis. Telles choses echapent quelque fois a ceus qui sont passionnés damour, plus selon leur aueuglée affection, que selon la verité de ce qu'ils en pensent.

QVand en songeant ma follâtre i'acolle,
Laissant mes flancs sus les siens s'alonger,
Et que d'vn branle habilement leger,
En sa moitié ma moitié ie recolle:

Amour adonc si follement m'affolle,
Qu'vn tel abus ie ne voudroi changer,
Non au butin d'vn riuage étranger,
Non au sablon qui iaunoie en Pactole.
    Mon dieu, quel heur, & quel contentement,
M'a fait sentir ce faus recollement,
Changeant ma vie en cent metamorfoses?
    Combien de fois doucement irrité,
Suis-ie ore mort, ore resuscité,
Entre cent lis, & cent vermeilles roses?

MVRET.

Quand en songeant.) La pratique de ce Sonet (si ie ne me trope) seroit trop plus plaisante, que l'exposition. Pactole, Fleuue de Lydie, parmi les arenes duquel se trouue beaucoup d'or.

O De Nepenthe, & de liesse pleine
Chabrette heureuse, ou deus heureus flam-
    beaus,
Les plus ardans du ciel, & les plus beaus
Me font escorte apres si longue peine.
    Or ie pardonne a la mer inhumaine,
Aus flots, aus vens, la traison de mes maus
Puis que par tant & par tant de trauaus,
Vne main douce à si dous port me meine.
    Adieu tourmente, adieu naufrage, adieu.
Vous flots cruels aieus du petit Dieu,
Qui dans mon sang à sa fleche souillée:
    Ores ancré dedans le sein du port,
Par veu promis, i'appan dessus le bord
Aus dieus marins ma dépouille mouillée.

MVRET.

o de Nepenthe.) Il loüe vne chambrette, en laquelle, celle mesme pour laquelle sont faits les deus Sonets precedens, & d'autres encore semés en ce liure, apres quelque assés longue passion, lui fit si bon recueil, qu'il s'en tenoit pour contant. *Nepenthe.* Nepenthe est apellé en Homere vn bruuage aïāt telle vertu, que quiconques en buuoit, pour ce iour la ne pouuoit sentir en son esprit aucune facherie. Les vers d'Homere sōt tels.

Αὐτίκ' ἄρ' εἰς οἶνον βάλε φάρμακον, ἔνθεν ἔπινον,
Νηπενθές τ' ἄχολόν τε κακῶν τ' ἐπίληθον ἁπάντων,
Ὅς τὸ καταβρόξειεν ἐπὴν κρητῆρι μιγείη,
Οὐκ ἂν ἐφημέριός γε βάλοι κατὰ δάκρυ παρειῶν,
Οὐδ' εἰ ἢ κατατεθναίη μήτηρ τε, πατήρ τε,
Οὐδ' εἰ ἢ προπάροιθεν ἀδ'ελφεὸν, ἢ φίλον υἱὸν
Χαλκῷ δηιόωεν, ὅκ' ὀφθαλμοῖσιν ὁρῶτο.

Nepenthe est dit de νή, qui signifie priuatiō, & πένθος, douleur. *Me font escorte,*) Me guident. *Aieus du petit dieu,*) Parce que des flots de la mer naquit Venus, qui est mere a Cupidon. *Ores ancré.* Imitation d'Horace,

- *Me tabula sacer*
Votiua paries indicat vuida
Suspendisse potenti
Vestimenta maris deo.

Aus dieus marins,) Selon la coutume des anciens, lesquels echapés de tourmente, pendoient leurs habillemens au riuage, en l'honneur des dieus marins.

IE parangonne à ta ieune beauté,
Qui touiours dure en son printans nouuelle,
Ce mois d'Auril, qui ses fleurs renouuelle,
En sa plus gaie & verte nouueauté.
Loin deuant toi s'en fuit la cruauté,

DE P. DE RONSARD. 151

Deuant lui fuit la saison plus cruelle.
Il est tout beau, ta face est toute belle:
Ferme est son cours, ferme est ta loiauté.
 Il peint les chams de dis mile couleurs,
Tu peins mes vers d'un long émail de fleurs:
D'un dous Zephyre il fait onder les plaines,
 Et toi mon cœur d'un soupir larmoiant:
D'un beau crystal son front est rousoiant,
Tu fais sortir de mes yeus deus fontaines.

MVRET.

Ieparangonne,) C'est vne comparaison du mois d'Auril a sa dame. Parangonner est égaler. Mot Italien.
Rousoiant,) Plein de rosée.

Ce ne sont qu'haims, qu'amorces et qu'apas
De son bel œil qui m'aleche en sa nasse,
 Soit qu'elle rie, ou soit qu'elle compasse
Au son du Luth le nombre de ses pas.
 Vne minuit tant de flambeaus n'a pas,
Ni tant de sable en Euripe ne passe,
Que de beautés embellissent sa grace,
Pour qui i'endure vn milier de trespas.
 Mais le tourment qui moissonne ma vie,
Est si plaisant, que ie n'ai point enuie
De m'élongner de sa douce langueur:
 Ains face Amour, que mort encores i'aie
L'aigre douceur de l'amoureuse plaie,
Que vif ie porte au plus beau de mon cœur.

MVRET.

Ce ne font qu'haims.) Il dit, quoi que sa dame face, qu'il se sent perpetuellement attirer par la beauté de son œil. Dit d'auantage, que les infinies beautés d'icelle lui font souffrir vn torment egal a mile mors. Mais que ce torment lui est si dous, qu'il defire en auoir le sentiment encor aprés sa mort. *Tant de flambeaus,*) D'etoiles. *En Euripe.* Euripe est vn détroit de mer, entre Aulide & l'ile Euboee flotât & reflotât ordinairement par set fois en vintequatre heures.

    Eil, qui mes pleurs de tes raions essuie,
  Sourci, mais ciel des autres le greigneur,
  Front estoilé, Trofée à mon Seigneur,
Qui dans ton iour ses dépouilles etuie.
  Gorge de marbre, ou la beauté s'apuie,
Col Albastrin emperlé de bonheur,
Tetin d'iuoire ou se niche l'honneur,
Sein dont l'espoir mes trauaus desennuie:
  Vous aués tant apâté mon desir,
Que pour souler la faim de son plaisir,
Et nuit & iour il faut qu'il vous reuoie:
  Comme vn oiseau, qui ne peut seiourner,
Sans reuoler, tourner, & retourner,
Aus bors conus pour i trouuer sa proie.

MVRET.

O Eil qui mes pleurs.) Il se dit estre tellement apâté des beautés de sa dame, qu'il ne peut estre nuit ne iour sans les voir. *Le greigneur,*) Le plus grand. *Trofée.* Voi ce que i'ai dit sur le Sonet, qui se commence, *O dous parler. Comme vn oiseau.*) Cōparaison prinse de Bembo.

Hausse ton æle, & d'vn voler plus ample,
Forçant des vens l'audace & le pouuoir,
Fai Denisot, tes plumes émouuoir,
Iusques au ciel ou les dieus ont leur temple.
Là, d'œil d'Argus, leur deités contemple,
Contemple aussi leur grace, & leur sauoir
Et pour ma Dame au parfait conceuoir,
Sur les plus beaus fantastique vn exemple.
Moissonne apres le teint de mile fleurs,
Et les detrampe en l'argent de mes pleurs,
Que tiedement hors de mon chef ie ruë:
Puis atachant ton esprit & tes yeus
Dans le patron derobé sur les dieus,
Pein, Denisot, la beauté qui me tuë.

MVRET.

Hausse ton æle.) Il ecrit a Nicolas Denisot, duquel i'ai parlé ailleurs, & le prie, que pour peindre diuinement la parfaitte beauté de Cassandre, il vole iusques au ciel, & là, soigneusement contemplant la beauté des dieus, il fantastique, c'est a dire, il imagine en so̅ esprit, vn exemple de parfaitte beauté. Apres, qu'il brasse ensemble le teint de toutes les plus belles fleurs qui soient: & puis les detrampe auec les argentines larmes, qui coulent de ses yeus perpetuellement. Et que, aiant ainsi apresté son patron, & ses couleurs, il se mette a peindre, auecques toute la plus grande diligence qu'il lui sera possible. *D'œil d'Argus.*) On dit qu'Argus auoit cent yeus, desquels il i en auoit touiours quatre vins & dishuit qui veilloient. Voi le premier des Metamorfoses.

Vile de Blois, le seiour de Madame,
Le ni des Rois, & de ma voulonté,
Ou ie suis pris, ou ie suis surmonté,
Par un œil brun qui m'outreperce l'ame.

Sus le plus haut de sa diuine flame,
Pres de l'honneur, en graue magesté,
Reueremment se sied la chasteté,
Qui tout bon cœur de ses vertus enflame.

Se loge Amour dans tes murs pour iamais,
Et son carquois, & son arc desormais
Pendent en toi, comme autel de sa gloire :

Puisse il touiours sous ses plumes couuer
Ton chef roial, & nu toûiours lauer
Le sien crespu dans l'argent de ton Loire.

MVRET.

Vile de Blois.) On peut coniecturer par ce Sonet, que sa dame est de Blois, a occasion dequoi il loüe la vile, & souhéte, qu'Amour i face perpetuellement sa residence. *Le ni des Rois.*) Par ce que les Rois de France, en leur petit age i sont communemēt nourris, & pour la bonne & plaisante situatiō du lieu i demeurent voulontiers. *Loire*, Riuiere passant par Blois.

Heureuse fut l'étoile fortunée,
Qui d'un bon œil ma maitresse aperceut :
Heureus le bers, & la main qui la sceut
Emmailloter, alors qu'elle fut née.

Heureuse fut la mammelle emmannée,
De qui le lait premier elle receut,
Et bienheureus le ventre, qui conceut
Si grand' beauté de si grans dons ornée.

*Heureus les chams qui eurent cet honneur
De la voir naitre, & de qui le bonheur
L'Inde & l'Egypte heureusement excelle.

Heureus le fis dont grosse elle sera,
Mais plus heureus celui qui la fera
Et femme & mere, en lieu d'vne pucelle.*

MVRET.

Heureuse fut.) L'argument est bien aisé. *La mammelle emmannée,* Remplie de manne. *L'Inde, & l'Egypte,*) Qui sont païs merueilleusement riches, & planitureus. *Mais plus heureus.*) Semblable deduction de propos est en ce que dit Salmacis à Hermafrodite, au quatrième des Metamorfoses,

   —*Puer ô dignißime credi
Esse deus, seu tu deus es (potes esse Cupido)
Siue es mortalis, qui te genuere, beati.
Et mater felix, & fortunata profectò
Si qua tibi soror est, & quæ dedit vbera nutrix,
Sed longè cunctis, longéque beatior illa est,
Si qua tibi sponsa est, siquam dignabere tæda.*

L'Astre ascendant, sous qui ie pris naissance,
 De son regard ne maitrisoit les cieus:
 Quand ie nâquis, il étoit dans tes yeus,
Futurs tyrans de mon obeissance.

 Mon tout, mon bien, mon heur, ma conoissance,
Vint de ton œil: car pour nous lier mieus,
Tant nous vnit son feu, presagieus,
Que de nous deus il ne fit qu'vne essence.

En toi ie suis, & tu es dedans moi:
En moi tu vis, & ie vis dedans toi:
 Ainsi nos touts ne font qu'vn petit monde.

      l i.

Sans viure en toi ie tomberoi' la bas.
La Pyralide en ce point ne vit pas,
perdant ſa flame, & le Daufin ſon onde.
MVRET.

L'aſtre aſcendant.) Les aſtrologues, & iudiciaires prenent ſoigneuſement garde a l'aſtre aſcédant d'vn chacun, c'eſt a dire a l'aſtre, qui du côté de l'orient, monte ſur l'horizon, lors que cellui, duquel ils enquierent le deſtin, vient a naitre. Car ils tienent, que de cet aſtre depend principalemẽt l'heur ou le malheur de la perſonne: tellement qu'ils le nomment ſeigneur de la natiuité. Nôtre auteur dit, que ſon aſtre aſcendant, lors qu'il nâquit, etoit dans les yeus de Caſſandre: & que tout ce qui eſt en lui depend des yeus, & non de l'aſtre. On pourroit demander, comment l'aſtre pouuoit eſtre dans l'œil de Caſſandre, lors qu'il nâquit, veu qu'elle n'étoit pas encores née. Mais il faut entendre, que ſelon la fiƈtiõ du poëte, elle auoit eſté lon tans aus cieus, pluſtôt qu'elle nâquit: comme i'ai touché ſur le Sonet, qui ſe commance, *Nature ornant. Son feu preſagieus.*) Preſagir eſt ſentir les choſes futures, deuant qu'elles auienent. De ce verbe eſt deriué le nom, preſagieus. *La Pyralide.*) Pyralides ſont petites beſtes volantes, qui ont quatre piés, & ſe treuuent en l'Ile de Cypre, aians telle nature, qu'elles viuent dans le feu, & meurent, dés qu'elles s'en eloignent vn peu trop. Auteur Pline en l'vnſiême liure. *Et le Daufin ſon onde.*) Les Daufins meurent, dés qu'ils touchent la terre. Pline au IX. liure.

DE ton poil d'or en treſſes blondiſſant
Amour ourdit de ſon arc la ficelle,
Il me tira de ta viue eſtincelle,

Le dous fier trait, qui me tient languissant.
  Du premier coup i'eusse esté perissant,
Sans l'autre coup d'vne fleche nouuelle,
Qui mon vlcere en santé renouuelle,
Et par son coup, le coup va guarissant.
  Ainsi iadis sur la poudre Troienne,
Du soudart Grec la hache Pelienne,
Du Mysien mit la douleur a fin :
  Ainsi le trait que ton bel œil me ruë,
D'vn mesme coup me garit & me tuë.
Hé, quelle Parque à filé mon destin !

MVRET.

De ton poil d'or.) Il dit, qu'Amour le voulant naurer, encorda son arc du poil de sa dame, & des yeus d'icelle lui getta deus sagettes, desquelles la premiere le blessa, la seconde le reguerist. A occasion dequoi, il compare l'œil de sa dame a la hache d'Achille, de laquelle nous parlerons aprés. *Ainsi iadis sur la poudre Troienne.* Les Grecs alans vers Troie, apres qu'ils furent partis du port d'Aulide, duquel i'ai parlé ailleurs, ou par erreur, ou par la force des vens, furent conduis vers le païs de Mysie, ou regnoit pour lors Telephe fils d'Hercule. Ainsi côme ils vouloiét prêdre terre les gens du païs se presenterent a eus, & les repousserét moult rudement, sibien qu'il i eut grande tuerie d'vne part & d'autre. Si firent tant les Grecs toutefois, qu'en fin ils gaignerent le port : & lors commencerent a s'entrechamailler encores plus fort que deuât. Le Roi mesmes i vint en personne acompaigné d'vn sien frere, qui apres plusieurs beaus faits d'armes, fut tué par Aiax. Le Roi voulant venger la mort de son frere sur quelcun des ennemis (ne lui chaloit lequel : pourueu que ce fut quelcun des

l.ij.

principaus de l'ost) se print a poursuiure Vlysse, & le mit en fuite: mais ainsi qu'il couroit apres, Bacchus voulant rendre la pareille a Agamemnon, qui lui auoit peu de iours deuât, fait vn tresbeau sacrifice, fit soudain naitre vn sep de vigne deuant les piés de Telephe, qui le fit choir. Etant cheu, Achille lui dôna vn grâd coup de hache en la cuisse gauche. Ce que nôtre auteur mesmes a touché dans les Bacchanales, disant ainsi,

 Teleph sentit en la sorte
 La main forte
 Du Grec, qui le combatit
 Quand au millieu de la guerre,
 Contre terre
 Vn sep tortu l'abatit.

Le conflit dura iusqu'a ce que la nuit côtraignit chacun de se retirer. Le lêdemain furêt enuoiés ambassades de tous côtés, pour obtenir quelques treues, durât lesquelles, on peut enseuelir les mors: ce qui fut acordé. Ce tâs pendant, quelques capitaines Grecs parans prochains de Telephe, s'en vindrent vers lui, & s'estans faits conoitre, lui remontrerent, que ses gens auoient eu tort de si durement receuoir les Grecs, qui ne venoient la en intention de les offenser, ains seulemêt pour aler vers Troie, vanger le rauissemêt d'Helene. Telephe répôd, qu'eus mesmes en etoient a reprendre, & que s'ils lui eussêt enuoié ambassades pour l'aduertir qu'ils etoiêt, & quelle étoit l'occasion de leur entreprise, il fut venu audeuant d'eus, amiablement les recueillir. Apres plusieurs propos, Telephe fit crier a ses gens, que nul ne fut plus si hardi d'empécher les Grecs, ains qu'on les laissât prendre terre a leur plaisir. Parquoi la plus part des capitaines Grecs sortis de leurs naus, vindrêt treuuer le Roi en son palais, & lui amenerent deus excellâs mires, Machaon, & Podalyrie fis d'AEsculape pour dôner ordre a sa plaie. Le Roi leur fit de tresbeaus pré-

DE P. DE RONSARD. 159

sans, & les fetoia tresbié par l'espace de quelques iours, apres lesquels, voians la mer bonasse, & le tans propice a nauiguer, prenâs congé de lui, reprindrét leur route. Huit ans aprés, Telephe ne pouuant trouuer aucun remede a sa plaie, receut vn oracle, qu'il faloit que celui mesme qui l'auoit blessé, le reguerist. Parquoi venant vers Achille, en peu de iours, par le moien d'icellui receut entiere guerison. Ainsi le racontent en partie Dictys dans le second liure de la guerre de Troie, en partie le Commentaire de Lycofron. Ouide,

Vulnus Achillæo quæ quondam fecerat hosti,
Vulneris auxilium Pelias hasta tulit.

Les vns disent, que pour le reguerir, il ne fit que le refrapper de la mesme hache au mesme endroit. Pline dit, qu'il i apliqua de la rouille de sa hache, laquelle a vertu de lier, secher, & restraindre. Claudian dit, qu'il i apliqua quelques herbes.

Sanus Achillais remeauit Telephus herbis.

La hache Pelienne.) Thessalienne. Pelion, montaigne de Thessalie.

*C*E ris plus dous que l'œuure d'vne abeille,
Ces doubles lis doublement argentés,
Ces diamans à double ranc plantés
Dans le coral de sa bouche vermeille,

Ce dous parler qui les mourans esueille,
Ce chant qui tient mes soucis enchantés,
Et ces deus cieus sur deus astres antés,
De ma Deesse annoncent la merueille.

Du beau iardin de son printans riant,
Naist vn parfum, qui mesme l'orient
Embasmeroit de ces douces aleines.

l.iij.

LES AMOVRS.
Et de là sort le charme d'vne vois,
.... flateler les bois,
....ligner les plaines.

.... Il raconte les merueilleus effets de la
.... de la dame. *Que l'œuure d'vne abeille.* Que miel.
Ainſi Nicandre,
- ποτὲ δ' ἔργα διαθρύπτοιο μελίσσης.
& en vn autre lieu,
- ἐν τίνι τὰ κ̔, ἱεφὰ ἔργα μελίσσης.
Ces doubles lis.) Les dans. *Ces diamans.* Il entéd encore
les dans. *Et ces deus cieus.* Deus ſourcis. *Sur deus aſtres.*
Sur deus yeus. *Meſme l'orient.* D'où viénent les meil-
leures odeurs. *Le charme d'vne vois.* Vne vois ſi douce,
qu'elle emeut meſmes les choſes inſenſibles. *Planer.*
Se conuertir en plaines. C'eſt ce que les Latins diſent,
Subſidere. Montaigner. S'éleuer comme montaignes.
Mot nouueau.

Dieus, ſi la haut s'enthrône la pitié,
En ma faueur, ores ores qu'on iette
Du feu vangeur la meurtriere ſagette,
Pour d'vn mauuais punir la mauuaiſtié,
Qui ſeul m'eſpie, & ſeul mon amitié
Va deſniquant, lors que la nuit ſegrette,
Et mon ardeur honteuſement diſcrette,
Guident mes pas ou m'atent ma Moitié.
Accablés, Dieux, d'vne iuſte tempeſte
.... de ſa parture teſte,
De ... le regard toutes les nuis me ſuit:
Ou lui donnés l'aueugle deſtinée
Qui ....gla le malheureus Phinée,
.... noir, en qi' vne eternelle nuit.

DE P. DE RONSARD. 161
MVRET.

Ie vs si la haut.) Il maudit vn qui lui faisant le guet, l'empechoit d'aler de nuit vers sa dame. *Detraquant. Desuoiant. Phinée.* I'en ai desia raconté la fable.

I'Irai touiours & réuant & songeant
En la douce heure, ou ie vi l'angelette,
Qui d'esperance & de crainte m'alaitte,
Et dans ses yeux mes destins va logeant.

Quel or ondé en tresses s'allongeant
crapoit ce iour sa gorge nouuelette?
Et sus son col, ainsi qu'vne ondelette
Flotte aus zephyrs, au vent alloit nageant?

Ce n'étoit point vne mortelle femme,
Que ie vi lors, ni de mortelle dame
Elle n'auoit ni le front ni les yeux:

Donques, mon cœur, ce ne fut chose etrange
Si ie fu pris: c'étoit vraiment vn Ange
Qui pour nous prendre etoit volé des cieus.

MVRET.
I'irai touiours.) Il est aisé de soi. *L'angelette.* Ainsi est souuent nommée Madame Laure par Petrarque.

Pouanté ie cherche vne fontaine
Pour expier vn horrible songer,
Qui toute nuit ne m'a fait que ronger
effroié au trauail de ma peine.

Ce me sembloit que ma douce inhumaine
. . . A moi sauue moi du danger,
Duquel par force vn larron étranger
Par les forets prisonniere m'emmeine.

l.iiij.

Lors en sursaut, ou me guidoit la vois,
Le fer au poin ie brossai dans le bois:
Mais en courant apres la derobée,
Du larron mesme assaillir me suis veu,
Qui me perçant le cœur de mon espée
M'a fait tomber dans vn torrent de feu.

MVRET.

Epouanté.) Il racôte vn songe sien, qui le mit en merueilleuse fraieur. *Vne fontaine.* Les anciens, quand ils auoient veu, par nuit, quelque mauuais songe, souloiêt au matin s'en expier, c'est a dire purger, & netoier, se lauans dans quelque fontaine, ou dans la mer : comme fait Circe au quatriême d'Apolloine,

ἔνθα δὲ Κίρκην
Εὗρον ἁλὸς νοτίδεσσι κάρη ἐπιφαιδρύνουσαν.
Τοῖον γὰρ νυχίοισιν ὀνείρασιν ἐπτοίητο.

Ie brossai.) Brosser est courir a trauers le bois, sans regarder a rien qui puisse empescher le cours du cheual. Mot de venerie.

CHANSON.

Las! ie n'eusse iamais pensé
Dame, qui causes ma langueur
De voir ainsi recompensé
Mon seruice d'vne rigueur,
Et qu'en lieu de me secourir
Ta cruauté m'eust fait mourir.

Si fortuné, i'eusse aperceu
Quand ie te vi premierement,
Le mal que i'ai depuis receu

Pour aimer trop loialement,
Mon cœur qui franc auoit vesqu,
N'eust pas esté si tost veinqu.

Mais tu fis promettre à tes yeus
Qui seuls me vindrent deceuoir,
De me donner encore mieus
Que mon cœur n'esperoit auoir:
Puis comme ialous de mon bien
Ont transformé mon aise en rien.

Si tôt que ie vi leur beauté
Amour me força d'vn desir
D'assuiettir ma loiauté
Sous l'empire de leur plaisir,
Et decocha de leur regard
Contre mon cœur, le premier dart.

Ce fut, Dame, ton bel acueil
Qui pour me faire bien heureus,
M'ouurit par la clef de ton oeil
Le paradis des Amoureus,
Et fait esclaue en si beau lieu
D'vn homme ie deuins vn dieu.

Si bien que n'estant plus à moi,
Mais a l'œil qui m'auoit blessé,
Mon cœur en gage de ma foi
A mon veinqueur ie delessé,

Ou serf si doucement il est
Qu'autre liberté lui desplaist.

    Et bien qu'il soufre iours & nuis
Meinte amoureuse auersité,
Le plus crüel de ses ennuis
Lui semble vne felicité,
Et ne sçauroit iamais vouloir
Qu'un autre œil le face douloir.

    Vn grand rocher qui à le dôs,
Et les piés touiours outragés,
Ore des Vens, ore des flôs
Contre les riues enragés,
N'est point si ferme que mon cœur
Sous l'orage d'une rigueur.

    Car lui de plus en plus aimant
Les beaus yeus qui l'ont enreté,
Semble du tout au Diamant
Qui pour garder sa fermeté,
Se romp plus tôt sous le marteau,
Que se voir tailler de nouueau.

    Ainsi ne l'or qui peut tanter,
Ni grace, beauté, ni maintien,
Ne sauroient dans mon cœur enter
Vn autre portrait que le tien,
Et plus tôt il mouroit d'ennui

Que d'en soufrir vn autre en lui.

Il ne faut donq pour empecher
Qu'une autre dame en ait sa part,
L'enuironner d'vn grand rocher,
Ou d'une fosse, ou d'vn rempart,
Amour te l'a si bien conquis,
Que plus il ne peut estre aquis.

Chanson, les estoilles seront
La nuit, sans les cieus alumer,
Et plus tôt les vens cesseront
De tempester de sus la mer
Que de ses yeus la cruauté
Puisse amoindrir ma loiauté.

MVRET.

Las, ie n'eusse iamais pensé.) Il se pleint de la cruauté
de sa dame, & des yeus qui furent cause de sa prise: asseu-
rant toutefois, quoi qu'elle face, qu'il sera constant ius-
qu'a la mort. Grande partie de cette chanson est tirée
d'une letre de Bradamant, qui est au quarantequatrié-
me chant de l'Ariofte.

VN voile oscur par l'horizon espars
Troubloit le ciel d'une humeur suruenue,
Et l'ær creué d'une gresle menue
Frapoit à bonds les chams de toutes pars :
Desia Vulcan les bras de ses souldars
Hâtoit dépit à leur forge conue,
Et Iuppiter dans le creus d'une nue
Armoit sa main de l'éclair de ses dars :

Quand ma Nymfette en simple verdugade
Cueillant des fleurs,des rais de son oeillade
Essuia l'ær grelleus & pluuieus:
  Des vens sortis remprisonna les tropes,
Et ralenta les marteaus des Cyclopes,
Et de Iupin rasserena les yeus.
MVRET.
Vn voile oscur.) Sa dame étant alée,par passetás,cueil
lir des fleurs,le tans se changea tellement qu'il se print
a venter,gresler,pleuuoir,tonner,éclairer tout ensem-
ble. Elle voiant cela,ne fit que simplement donner vne
gracieuse œillade vers le ciel, par la vertu de laquelle
le tout fut incontinent apaisé. *Frapoit a bonds.*) bon-
dissoit sur la terre. Vergile,
  - *Crepitans salit horrida grando.*
Desia Vulcan,) Le feuure des dieus. *De ses souldars,*)
Des Cyclopes,qui forgent les foudres a Iuppiter. Voi
l'Ode des peintures contenues en vn tableau, qui est
au second liure. *Et Iuppiter,*) Ainsi Vergile,
  Ipse pater media nymborum in nocte, corusca
  Fulmina molitur dextra.
Des vens sortis remprisonna les tropes.) Les fit rentrer
dans les cauernes d'AEolus. *Et ralenta,* arresta. *Et de*
Iuppin,) De Iuppiter. Mot François ancien.

EN autre part les deus flambeaus de celle
  Qui m'esclairoit,sont allés faire iour,
  Voire vn midi,qui d'vn stable seiour,
Sans annuiter dans les cœurs estincelle.
  Et que ne sont & d'une & d'une autre alé
Mes deus coustés emplumés a lentour?
Haut par le ciel sous l'escorte d'Amour

Ie voleroi comme vn Cyne, aupres d'elle.
  De ses deus rais aiant percé le flanc
I'empourpreroi mes plumes dans mon sang
Pour témoigner la peine que i'endure:
  Et suis certain que ma triste langueur
Emouueroit non seulement son cœur
De mes soupirs, mais vne roche dure.
    MVRET.
En autre part.) Absent de sa dame, il souhéte pouuoir
deuenir Cyne, disant qu'il s'en voleroit vers elle, & se
presenteroit droit deuant ses yeus, affin que les saget-
tes qui en sortent, lui percassent le flanc : & qu'estant
ainsi percé, il teindroit dans son sang tout son plumage
pour lui faire entédre la peine qu'il soufre, si bien qu'il
espereroit l'émouuoir a pitié, ores qu'elle fut aussi du-
re qu'un rocher.

S I tu ne veus les astres depiter
  En ton malheur, ne mets point en arriere
  L'humble soupir de mon humble priere:
La priere est fille de Iuppiter.
  Quiconque veut la priere euiter,
Iamais n'acheue vne ieunesse entiere,
Et voit touiours de son audace fiere
Iusqu'aus enfers l'orgueil precipiter.
  Pour ce, orgueilleuse, échape cet orage:
Mollis vn peu le roc de ton courage
Aus lons soupirs de ma triste langueur:
  Touiours le ciel, touiours l'eau n'est venteuse,
Touiours ne doit ta beauté depiteuse
Contre ma plaie endurcir sa rigueur.

LES AMOVRS
MVRET.

Si tu ne veus.) Ce Sonet est presque pris d'une oraison de Fœnix qui est en Homere au neuuiême de l'Iliade, la ou il dit, que les prieres sont filles de Iuppiter, & que qui les recoit amiablement, elles lui rendent le plaisir aprés, quand l'occasion s'i offre : mais quand quelcun les regette orgueilleusement, elles s'en vont complaindre a leur pere, & font tant qu'il leur donne pour compagne, Ate, qui est déesse de domage, affin de punir celui qui les a regetées. *Touiours le ciel.*) Tel est le commencement d'une Ode a Saingelais, qui est vers la fin de ce liure.

Entre mes bras qu'ores ores n'arriue
Celle qui tient ma plaie en sa verdeur,
Et ma pensée en gelante tiedeur,
Sur le tapis de ceste herbeuse riue?

Et que n'est elle vne Nymfe natiue
De quelque bois? par l'ombreuse froideur
Nouueau Syluain i'alenterois l'ardeur
Du feu qui m'ard d'une flame trop viue.

Et pourquoi, Cieus, l'arrest de vos destins
Ne m'a fait naistre vn de ces Paladins
Qui seuls portoient en crope les pucelles?

Et qui tâtant, baisant, & deuisant,
Loin de l'enuie, & loin du mesdisant,
Dieus, par les bois viuoient aueques elles?

MVRET.

Entre mes bras.) L'argumēt est facile. *Nouueau Syluain.*) C'est a dire, ie me ferois vn nouueau Syluain, ffin d'alenter & apaiser auec elle l'ardeur de mon amour. Syluains sont les dieus des forets, *Vn de ces Paladins,*) Vn de ces vieus cheualiers errans, de la table ronde.

Que tout par tout dorenauant se mue :
Soit desormais Amour soulé de pleurs,
Des chesnes durs puissent naitre les fleurs,
Au choc des vens l'eau ne soit plus émue,
Du cœur des rocs le miel degoute & sue,
Soient du printans semblables les couleurs,
L'esté soit froid, l'hyuer plein de chaleurs,
De foi la terre en tous endrois soit nue :
  Tout soit changé, puis que le nou si fort
  Qui m'estraignoit, & que la seule mort
  Deuoit couper, ma Dame veut deffaire.
Pourquoi d'Amour méprises tu la loi ?
Pourquoi fais tu ce qui ne se peut faire ?
Pourquoi roms tu si faussement ta foi ?

MVRET.

Que out par tout.) Il desire, que toutes choses impossibles, & contre nature se facent : parce que quelqu'une lui a rompu la foi, ce qu'au parauant, il eut estimé du tout impossible. Il est certain, que ce Sonet n'apartient en rié a Cassandre. *Soit desormais Amour soulé de pleurs.*) Ce que Vergile dit estre impossible.

Nec lacrymis crudelis Amor, nec gramina riuis,
Nec cythiso saturantur apes, nec fronde capellæ.

Vne sentence semblable a celle de ce Sonet est dans Vergile, en l'Eglogue huitiéme.

Nunc & oues vltrò fugiat lupus, aurea duræ
Mala ferant quercus, Narcisso floreat alnus.

& ce qui suit aprés.

LES AMOVRS

L'Vne à l'oeil brun, la dame aus noirs cheuaus,
Qui çà qui là, qui haut qui bas te tournent,
Et de retours, qui iamais ne seiournent,
Trainent ton char eternel en trauaus.

A tes desseins les miens ne sont égaus,
Car les amours qui ton cœur epoinçonnent,
Et ceus aussi qui mon cœur eguillonnent,
Diuers souhaits desirent à leurs maus.

Toi mignotant ton dormeur de Latmie,
Tu voudrois bien qu'vne courfe endormie
Emblât le train de ton char qui s'enfuit:

Mais moi qu'Amour toute la nuit deuore,
Las, des le soir ie souhaitte l'Aurore,
Pour voir le iour, que me celoit ta nuit.

MVRET.

L'une a l'œil brũ.) Il dit que ses souhaits sont cõtraires a ceus de la Lune: car elle tenant entre ses bras son Endymion voudroit bien que la nuit durât fort long tans. Mais parce qu'il ne peut de nuit iouir du bien, que lui aporte la veue de sa dame, des le commencement de la nuit, il souhéte le iour. *A tes desseins,*) A tes pensées.

Ton dormeur de Latmie.) Endymion fut vn fort beau ieune homme, duquel la Lune étant amoureuse, l'endormit d'vn sommeil perpetuel en vne Montaigne de Carie nommée Latme, affin de le pouuoir baiser mieus a son aise. Auteur Ciceron au premier des Tusculanes. Les autres le racontent autrement. Mais ce ne seroit iamais fait. *Qu'vne courfe endormie Emblât le trein de ton char,*) Que ton char couruſt plus lentement, affin que la nuit fut plus longue. *Pour voir le iour,*) La beauté de ma dame.

Vne diuerse amoureuse langueur,
Sans se meurir dans mon ame verdoie:
Dedans mes yeus vne fontaine ondoie,
Vn Montgibel s'enflame dans mon cœur.

L'vn de son feu, l'autre de sa liqueur,
Ore me gele, & ore me foudroie,
Et l'vn & l'autre à son tour me guerroie,
Sans que l'vn soit dessus l'autre vainqueur.

Fais Amour fai, qu'un des deus ait la place,
Ou le seul feu, ou bien la seule glace,
Et par l'vn d'eus mets fin à ce debat:

I'ai seigneur, i'ai, i'ai de mourir enuie,
Mais deus venins n'etouffent point la vie,
Tandis que l'vn à l'autre se combat.

MVRET.

vne diuerse.) Il se dit estre fort etrangement tormenté, aiant touiours les yeus en eau', & le cœur en feu : & desire n'auoir que l'vn ou l'autre, afin de pouuoir mourir. *Sans se meurir.*) Metafore prinse des fruits. *Vn Montgibel,*) Montaigne de Sicile nommée par les vieus Latins AEtna. Voi le liuret, que Virgile en a fait. *Mais deus venins.*) Et cette fin, & presque tout ce Sonet est semblable a vn d'vn Italien nommé Antonio Francesco Rinieri, qui est tel,

Amore, ond' è, ch' entro' l mio petto i senta
Le fiamme e' l gielo in vn medesmo loco?
Ne però si consuma il ghiaccio al foco,
Ne la fiamma dal giel pur ancho è spenta.

Fiero duol certo, ch'al mio cuor s'auuenta
Fra duo contrari, oue non cede vn poco

182   LES AMOVRS

A l'altro l'uno, anzi con aspro giuoco
L'un con l'altro piu rio sempre diuenta.
  O pra altero Signor solo il tuo ghiaccio,
O nel mio cuor sol con le fiamme vieni,
Se de la morte mia tanto ti cale.
  Che trar non mi poss' io di quest' impaccio,
Et non puot' huom perir di duo veleni,
Mentre contende l'un con l'altro male.

Puis que cet œil qui fidelement baille
  Ses lois aus miens, sur les miens plus ne luit,
  L'oscur m'est iour, le iour m'est vne nuit,
Tant son absence asprement me trauaille.

Le lit me semble vn dur camp de bataille,
  Rien ne me plait, toute chose me nuit,
  Et ce penser, qui me suit & resuit,
Presse mon cœur plus fort qu' vne tenaille.

  Ia pres du Loir entre cent mile fleurs,
Soulé d'ennuis, de regrets & de pleurs,
I'eusse mis fin à mon angoisse forte,

  Sans quelque dieu, qui mon œil va tournant
Vers le païs où tu es seiournant,
Dont le bel ær sans plus me reconforte.

MVRET.

Puis que cet œil.) Il dit, que tout lui deplait pour l'absence de sa dame, tellement qu'il fut ia mort de dueil, si quelque dieu, lors qu'il est prest de mourir, ne lui faisoit tourner l'œil vers le païs, ou est la demeure de sa dame. Semblable presque est le cxci. Sonet de la premiere partie de Petrarque.

DE P. DE RONSARD. 183

Comme le chaut ou dedans Erymanthe,
Ou sus Rhodope, ou sus un autre mont,
En beau crystal le blanc des neiges font
Par sa tiedeur lentement vehemente:
Ainsi tes yeus (eclair qui me tourmente)
Qui cire & neige à leur regard me font,
Touchans les miens ia distillés les ont
En un ruisseau, qui de mes pleurs s'augmente.
Herbes ne fleurs ne seiournent auprés,
Ains des soucis, des Ifs, & des Cyprés,
Ni d'un verd gai sa riue n'est point pleine.
Les autres eaus par les prés vont roulant,
Mais cette ci par mon sein va coulant,
Qui nuit & iour bruit & rebruit ma peine.

MVRET.

Comme le chaut.) Il dit, que comme la neige se fond au soleil, ainsi ses yeus se sont fondus en deus ruisseaus, par la force des raions, qui procedēt des yeus de sa dame. *Erymanthe,*) Montaigne d'Arcadie. *Rhodope,*) Montaigne de Thrace. *Herbes ne fleurs.* Les ruisseaus sont delectables a voir, pour la varieté des fleurs, desquelles ils sont communement entournés: mais il dit, qu'auprès des ruisseaus, ausquels ses yeus sont conuertis, il n'i croit autres herbes ni plantes, que celles qui sinifient tristesse. *Ifs*, Arbres malheureus, nommés en Latin, *Taxi*.

De soins mordans & de soucis diuers
Soit sans repos ta paupiere eueillée,
Ta leure soit d'un noir venin mouillée,
Tes cheueus soient de viperes couuers.

m.ij.

Du sang infait de ces gros lezars vers
Soit ta poitrine & ta gorge souillée,
Et d'vne oeillade obliquement rouillée,
Tant que voudras, guigne moi de trauers.
Touiours au ciel ie leuerai la teste,
Et d'vn écrit qui bruit comme tempeste,
Ie foudroirai de tes Monstres l'effort:
Autant de fois que tu seras leur guide
Pour m'assaillir dans le seur de mon fort,
Autant de fois me sentiras Alcide.

MVRET.

De soins mordans.) Ce Sonet a esté fait contre quelques petits secretaires, muguets, & mignons de court, lesquels aians le cerueau trop foible pour entendre les écris de l'auteur, & voians bien que ce n'étoit pas leur gibier, a la coutume des ignorans, faignoient reprendre, & mépriser ce qu'ils n'entendoient pas. Le Poëte donc s'adressant a vn, qui étoit leur principal capitaine (auquel il ne veut faire cet honneur que de le nômer) lui dit, qu'il dégorge le venin de son enuie, tant qu'il voudra, & que, auec tous les siens il s'efforce de tout son pouuoir a lui nuire: car il se sent suffisant, pour foudroier tous leurs effors, par la vehemence de ses écris.

Alcide.) Hercule vainqueur des monstres, a cette cause nommé par les Grecs ἀλεξίκακος, c'est a dire, chasse-mal. Il fut nommé Alcide, ou a cause de son aieul Alcee, ou du mot ἀλκή, qui sinifie force.

De cette douce & fielleuse pasture,
Dont le surnom s'apelle trop aimer,
Qui m'est & sucre, & riagas amer,
Sans me souler ie pren ma nourriture.

Car ce bel oeil, qui force ma nature,
D'un si long ieun m'a tant fait epâmer,
Que ie ne puis ma faim desaffamer,
Qu'au seul regard d'une vaine peinture.

Plus ie la voi, moins souler ie m'en puis,
Un vrai Narcisse en misere ie suis :
Hé qu' Amour est une cruelle chose!

Ie conoi bien qu'il me fera mourir,
Et si ne puis ma douleur secourir,
Tant i'ai sa peste en mes veines enclose.

MVRET.

De cette douce.) L'argument n'a point de difficulté. Fielleuse,) Amere, comme fiel. Riagas, C'est une espece de poison. D'une vaine peinture,) D'un portrait, duquel i'ai parlé devant. Un vrai Narcisse,) Car ie me consume au regard d'une peinture, comme il se consuma voiant son image dans la fonteine. I'ai raconté la fable de Narcisse, au Sonet qui se commence, Ie voudroi bien. Epâmer. Rendu maigre & debile.

Que lâchement vous me trompés mes yeus,
Enamourés d'une figure vaine!
O nouueauté d'une cruelle peine,
O fier destin, ô malice des cieus.

Faut il que moi de moimesme enuieus,
Pour aimer trop les eaus d'une fontaine,
Ie brule apres une image incertaine,
Qui pour ma mort m'accompaigne en tous lieus?

Et quoi, faut il que le vain de ma face,
De membre à membre amenuiser me face,
Comme une cire aus rais de la chaleur?

Ainsi pleuroit l'amoureus Cephiside,
Quand il sentit dessus le bord humide,
De son beau sang naitre vne belle fleur.

MVRET.

Que lachement.) Parce qu'au Sonet precedant, il sé-
toit comparé a Narcisse, il decrit en cettui ci les com-
pleintes que Narcisse faisoit, se sentant peu a peu con-
sumer. *L'amoureus Cephiside,*) Narcisse fis de Cephise
fleuue de Bœotie. *Vne belle fleur,* Qui fut nommée de
mesme nom, comme lui.

EN ma douleur, las chetif, ie me plais,
Soit quand la nuit les feus du ciel augmente,
Ou quand l'Aurore enionche d'Amaranthe
Le iour melé d'vn long fleurage épais.

D'vn ioieus dueil sans faim ie me repais:
Et quelque part ou seulet ie m'absente,
Deuant mes yeus ie voi toniours presente,
Celle qui cause & ma guerre, & ma pais.

Pour l'aimer trop egalement i'endure,
Ore vn plaisir, ore vne peine dure,
Qui d'ordre egal viennent mon cœur saisir:

Et d'vn tel miel mon absynthe est si pleine,
Qu'autant me plait le plaisir que la peine,
La peine autant comme fait le plaisir.

MVRET.

En ma douleur.) Il dit, que pour aimer, il recoit main-
tenant peine, maintenant plaisir, & que tous deus lui
sont également plaisans. *Les feus,* Les étoiles. *Ama-*
ranthe, Fleur, que le vulgaire nomme, Passeuelous.

OR que Iuppin epoint de sa semence,
Hume à lons trais les feus accoustumés,
Et que du chaut de ses rains alumés,
L'humide sein de Iunon ensemence:
Or que la mer, or que la vehemence
Des vens fait place aus grans vaisseaus armés,
Et que l'oiseau parmi les bois ramés,
Du Thracien les tançons recommence.
Or que les prés, & ore que les fleurs,
De mile & mile & de mile couleurs,
Peignent le sein de la terre si gaie,
Seul, & pensif, aus rochers plus segrets,
D'un cœur muét ie conte mes regrets,
Et par les bois ie vois celant ma plaie.

MVRET.

Or que Iuppin.) Il decrit le printans, disant qu'en la saison, en laquelle toutes choses se reioüissent, il demeure solitaire & pensif en perpetuelle tristesse. *Or*, ores. *Que Iuppin.* Prins de Vergile au second des Georgiques,

Vere tument terræ, & genitalia semina poscunt:
Tum pater omnipotens fecundis hymbribus æther
Coniugis in gremium lætæ descendit, & omnes
Magnus alit magno commixtus corpore fœtus.

La ou Serue dit, que Iuppiter se prend pour l'ær, & Iunon pour la terre. Le sens est donc, que l'ær, comme épris d'une ardante amour de la terre, lui verse dans le sein vne pluie, qui est apte a la generation. *Epoint.*) Piqué, chatouillé. *De sa semence.*) Metafore prinse des animaus, ausquels la semence, lors quelle est copieuse, excite le desir d'engendrer. *Hume a lons traits les feus acoutumés,*) Deuient amoureus de la terre, selon sa cou

m.iiij.

tume. *Aus grans vaiſſeaus,*) Aus nauires. Ainſi Horace decriuant le printans,

Trahuntque ſiccas machinæ carinas.
Et Vergile.
*Inde vbi prima fides pelago,placatáque venti
Dant maria, & lenis crepitans vocat Auſter in altum
Deducunt ſocij naues, & littora complent.*

Et que l'oiſeau,) Le roſsignol. *Du Thracien,* De Terée. Pandion roi d'Athenes eut deus filles, deſquelles l'une eut a nom, Progné, l'autre, Philomele. Progné fut mariée a Terée roi de Thrace, auec lequel aiât demouré par l'eſpace de cinq ans, vn iour entre autres, elle dit a ſon mari, qu'elle auoit grand' enuie de voir ſa ſœur: parainſi, Monſieur, dit elle, ie vous prie ou de permettre que ie l'aille voir, ou de faire tant enuers mon pere, qu'il la laiſſe venir en ce païs, ſe recréer aueques moi, pour quelque tans. Terée lui aiant fait reſponſe, qu'il aimoit mieus l'aller querir, pour la fetoier mieus a ſon aiſe, commāda qu'on apreſtât des nauires: & peu apres montant ſur mer, fit voile vers Athenes, ou il obtint aiſément du bon hôme Pandion, qu'il lui fut permis mener Philomele pour quelque tans voir ſa ſœur. Parquoi prenans congé de lui, remonterêt ſur mer. Or eſt a noter, que Terée, dés qu'il vit Philomele, en deuint treſamoureus, & delibera biē en ſoimeſme, ſi on la lui bailloit, qu'il ne la rameneroit pas pucelle. Etant donc de retour en Thrace, auſsi tôt, qu'il fut debarqué, il la print par la main, & la mena dans des étables, ou par force il executa ſa meſchante deliberation. Puis voiant qu'elle crioit, & s'arrachoit les cheueus, il eut peur, que ſa mechanſeté fut deſcouuerte. Si lui coupa la langue, & l'aiant enfermée, la donna en garde a quelques ſeruiteurs, leur defendant ſur peine de la vie de la laiſſer ſortir, & d'en parler aucunemét. Ce pendant, il faignit qu'elle étoit morte en chemin. Aiant par l'eſpace d'un an demeuré en telle misere, elle se va auiser, de tirer a l'eguille, en vne toile, tout le tort, qui lui auoit esté fait: ce qu'elle fit, & apres pria par signes vne pauure femme de porter cette toile a la roine. Laquelle apresauoir par ce moien entédu le fait, fut merueilleusemēt courroucée, & delibera de s'en vanger. La nuit qu'on sacrifioit a Bacchus, Progné trouua moien d'aler querir sa sœur, la ou elle étoit, & de la conduire secretemēt iusqu'en sa chambre. La ou toutes deus se prindrēt a pleurer a chaudes larmes, & l'vne par paroles, l'autre par signes, a deliberer de la vangeance. Sur ces entrefaittes, voici arriuer vn petit fis, que Progné auoit eu de son mari, qui se nommoit Itys, ou Ityle, lequel se print a lui tandre les bras, lui voulāt sauter au col. Mais elle meue de courrous, lui passa vne epée au trauers du cors: & l'aiant detranché par pieces, en fit vne partie bouillir, l'autre rôtir: puis quand Terée se voulut mettre a table, elle lui seruit de ce mets, tellement que le pere se soula de la cher du fis. Sur le milieu du diner, il se prend a demander, ou étoit Itys, ne sachant pas, qu'il en auoit desia grande partie dans son cors. Et lors se presenta Philomele, qui iusqu'a ce point la, s'étoit tenue cachée, & tenant entre ses mains la teste de l'enfant encores toute sanglante, la rua contre la face du pere. Lequel alors conoissant ce qui étoit auenu, plus effraié qu'on ne pourroit pēser, deguaināt son épée, se print a poursuiure les deus sœurs. Mais ainsi qu'elles fuioient, par le vouloir des dieus, Progné fut changée en hirōdelle, & Philomele en rossignol. D'ou est que les poëtes disent, que l'hirondelle en son chant deplore la mort de son fis: & le rossignol l'outrage que Terée lui fit Voi Ouide au sisième des Metamorfoses. *Du Thracien.* De Terée. *Les tancons.* Les querelles, les complaintes.

Aiant par mort mon cœur defalié
　De fon fubget, & l'eftincele efteinte
　I'alloi chantant, & la corde deffeinte,
Qui fi long tans m'auoit ars, & lié.
　Puis ie difois, & quelle autre moitié,
Apres la mort de ma moitié fi fainte,
D'vn nouueau feu, & d'vne neuue eftrainte,
Ardra, noura, ma feconde amitié?
　Quand ie fenti le plus froid de mon ame
Se rembrafer d'vne nouuelle flame,
Encordelé es rets Idaliens:
　Amour reueut pour échaufer ma glace,
Qu'autre œil me brulle, et qu'autre main m'enlaffe,
O flame heureufe, o plus qu'heureus liens.

MVRET.

Aiant par mort.) Il auoit aimé quelque autre pluftôt que Caffandre, laquelle venât a mourir, il penfoit defia eftre hors des liens d'Amour. Mais incontinent qu'il vit Caffandre, il en deuint encor' beaucoup plus amoureus, qu'il n'auoit efté de la premiere. *Idaliens.* Veneriens. Idalie eft vne vile de Cypre.

Puffai-ie auoir cette Fére auffi viue
　Entre mes bras, qu'elle eft viue en mon cœur:
　Vn feul moment gariroit ma langueur,
Et ma douleur feroit aler à riue.
　Plus elle court, & plus elle eft fuitiue,
Par le fentier d'audace, & de rigueur,
Plus ie me laffe, & recreu de vigueur,
Iemarche apres d'vne iambe tardiue.

Au moins ecoute, & ralente tes pas:
Comme veneur ie ne te pourſui pas,
Ou comme archer qui bleſſe à l'impourueüe:
Mais comme ami piteuſement touché
Du fer cruel, qu'Amour m'a decoché,
Faiſant vn trait des beaus rais de ta veüe.
   MVRET.
Puiſſai-ie auoir.) Il ſouhéte tenir auſsi bien ſa dame
viue entre les bras, comme il l'a viuement emprainte
dans le cœur. Ce commencement eſt de Bembo,
 La fera, che ſcolpita nel cor tengo,
 Coſi l'haueſſ' io viua entro le braccia.

Contre le ciel mon cœur étoit rebelle,
Quand le deſtin, que forcer ie ne puis,
 Me traina voir la Dame à qui ie ſuis,
Ains que veſtir cette eſcorce nouuelle.
Vn chaut adonc de moëlle en moëlle,
De nerfs en nerfs, de conduits en conduits,
Vint à mon cœur, dont i'ai veſcu depuis,
Or en plaiſir or en peine cruelle.
 Si qu'en voiant ſes beautés, & combien
Elle eſt diuine, il me reſouuint bien
L'auoir iadis en paradis laiſſée:
 Car des le iour que i'en reſu bleſſé,
Soit pres ou loin, ie n'ai iamais ceſſé
De l'adorer de fait, ou de penſée.
   MVRET.
Contre le ciel.) Il dit, que deuant qu'eſtre né, il auoit
deſia veu ſa dame au ciel, & auoit eſté fatalement

épris de l'amour d'icelle. *Contre le ciel*. Côtre l'amour a laquelle i'étois eternellemēt predeſtiné par vn arreſt celeſte. *Ains que veſtir cette eſcorſe nouuelle*. Deuāt que mon ame deſcendit du ciel, pour entrer dans le cors. Tout ceci eſt dit ſelon l'opiniō des Platoniques. *Qu' i'en refu bleſſé*. Il veut dire, qu'il en auoit ia eſté vne fois bleſſé, lors que premierement il la vit au ciel.

Voici le bois, que ma ſainte Angelette
Sus le printans anime de ſon chant.
Voici les fleurs que ſon pie va marchant,
Lors que penſiue elle s'esbat ſeulette.
Iō voici la prée verdelette,
Qui prend vigueur de ſa main la touchant,
Quand pas à pas pillarde va cherchant
Le bel émail de l'herbe nouuelette.
Ici chanter, là pleurer ie la vi,
Ici ſourrire, & là ie fu raui
De ſes beaus yeus par leſquels ie deſuies:
Ici s'aſſeoir, là ie la vi dancer:
Sus le meſtier d'vn ſi vague penſer
Amour ourdit les trames de ma vie.

MVRET.

Voici le bois.) Il rememore les lieus, auſquels il auoit veu ſa dame, & dit, qu'Amour ne lui permet de penſer en autre choſe. *Ici chanter*. Imitation de Petrarque,
Qui cantò dolcemente, e qui s'aſſiſe:
Qui ſi riuolſe, e qui ratenne il paſſo:
Qui co begli occhi mi traffiſe il core.

DE P. DE RONSARD. 193

Qui disse vna parola,& qui sorrise:
Qui cangio'l viso. In questi pensier,lasso,
Notte,e di tiemmi il signor nostro Amore.

Sus le mestier. Mestier, ourdir, trame, sont mots prins
des tisserans.

Sainte Gâtine heureuse secretaire
De mes ennuis, qui répons en ton bois,
Ores en haute, ores en basse vois,
Aus lons soupirs que mon cœur ne peut taire.
 Loir, qui refrains la course voulontaire
Du plus courant de tes flots Vandomois,
Quand accuser ceste beauté tu m'ois,
De qui touiours ie m'affame & m'altere:
 Si dextrement l'augure i'ai receu,
Et si mon œil ne fut hier deceu
Des dous regars de ma douce Thalie,
 Dorenauant poëte me ferés,
Et par la France appellés vous serés
L'vn mon laurier, l'autre ma Castalie.

MVRET.

Sainte Gâtine.) S'étant aperceu a la contenance de sa
dame, que les vers, qu'il auoit faits pour l'amour d'elle,
lui étoient aggreables, il dit, qu'il se preuoit desia poë-
te, & qu'il veut, que la forest de Gâtine lui serue de lau-
rier pour le coronner, & que le fleuue du Loir lui soit
en lieu de Castalie. De ma douce Thalie. Il entéd sa da-
me. Thalie est le nom propre d'vne des Muses. Casta-
lie. Castalie est vne fontaine sacrée aus Muses, qui est au
pié du mont Parnasse.

Ncependant que tu frappes au but
De la vertu, qui n'a point sa seconde,
Et qu'a lons trais tu t'enyures de l'onde
Que l'Ascrean entre les Muses but,
Ici, Baïf, ou le mont de Sabut
Charge de vins son épaule feconde,
Pensif ie voi la fuite vagabonde
Du Loir qui traine à la mer son tribut.
Ores vn antre, or vn desert sauuage,
Ore me plait le segret d'vn riuage,
Pour essaier de tromper mon ennui:
Mais quelque horreur de forest qui me tienne,
Faire ne puis qu'Amour touiours ne vienne
Parlant à moi, & moi touiours à lui.

MVRET.

Encependant.) Tandis que Baïf ententif a l'étude, tache d'aquerir la perfection de vertu, & de sauoir, nôtre auteur état au païs de Vãdomois, se dit hanter les lieus solitaires, pour se desennuier, & ne pouuoir toutefois tant faire, qu'Amour perpetuellemét ne l'acompagne. *Que l'Ascrean.* Hesiode, lequel, côbien qu'il fut de Cumes, si est ce, que parce qu'il fut nourri en vne ville de Bœotie, nommée Ascre, il est communement nommé Ascrean. *Mais quelque horreur.* Pris de Petrarque,

Ma pur si aspre vie, ne si seluagge
Cercar non so, ch' amor non venga sempre
Ragionando con meco, & io con lui.

Quel bien aurai-ie apres auoir esté
Si longuement priué des yeus de celle,
Qui le soleil de leur viue estincelle
Rendoient honteus au plus beau iour d'Esté?

En quel plaisir, voiant le ciel voûté
De ce beau front, qui les beautés recelle,
Et ce col blanc, qui de blancheur excelle
Vn mont de lait sur le ionc cailloté?
  Comme du Grec la troppe errante & sotte,
Afriandée aus douceurs de la Lote,
Sans plus partir vouloient la seiourner:
  Ainsi i'ai peur, que ma trop friande ame,
Raffriandée aus douceurs de Madame,
Ne veille plus dedans moi retourner.

MVRET.

Quel bien aurai ie.) Il se reiouit, preuoiant l'aise qu'il receura, mais qu'il reuoie sa dame, de laquelle il auoit esté long tans absent. Qui le Soleil. Prins de Petrarque. Comme du Grec. D'Vlysse. De la Lote. La Lote est vn arbre en Afrique, portant vn si dous fruit, que les gens du païs ne viuent d'autre chose, & sont a cette raison nōmés Lotofages, c'est a dire, mengeurs de Lote. Ainsi qu'Vlysse passoit par la, quelques vns de ses gens aiant gouté de ce fruit, iétoient tellement affriandés, qu'ils ne vouloient plus retourner en leur païs. Mais Vlysse les fit mener par force iusques dans les nauires, & les i fit tresbiē lier, & par ce moien les ramena. Voi le neuuiême de l'Odyssée.

Pvis que ie n'ai pour faire ma retraitte
  Du Labyrinth, qui me va seduisant,
  Comme Thesée, vn filet conduisant
Mes pas douteus dans les erreurs de Crete:
  Eussé-ie au moins vne poitrine faite,
Ou de Crystal, ou de verre luisant,

Lors tu serois dedans mon cœur lisant,
De quelle foi mon amour est parfaite.
  Si tu sauois de quelle affection
Ie suis captif de ta perfection,
La mort seroit vn confort à ma plainte:
  Et lors peut estre éprise de pitié,
Tu pousserois sur ma dépouille esteinte,
Quelque soûpir de tardiue amitié.

MVRET.

Puis que ie n'ai.) Il dit, que veu, qu'il ne peut se retirer des prisons d'Amour, il voudroit auoir la poitrine de verre, ou de cry stal, afin que sa dame peut voir, quelle affection il lui porte: & que lors ce lui seroit vn plaisir que de mourir, esperāt d'estre regretté par elle. *Cōme Thesée.* Thesée par le conseil d'Ariadne, desfit le Minotaure, & sortit du Labirynth, aiant receu d'elle vn filet pour guider ses pas. Serue raconte amplemét cette fable, sur le commencement du sisiême de l'AEneide. Catulle la diuinement decritte aus Argonautiques. *Dans les erreurs de Crete.* Dans les erreurs d'amour, qui sont semblables a celles du Labirinth, qui étoit en Crete. *Eusse-ie au moins.* Ainsi Bembo.

  Hauess' io al men d'vn bel crystallo il core:
  Che quel ch'io taccio, e madonna non vede
  De l'interno mio mal, senz'altra fede,
  A suoi begli occhi traluccesse fore.

Sur ma depouille eteinte. Sur mon cors desia mort.

HA, Belacueil, que ta douce parolle
  Vint traitrement ma ieunesse offenser,
  Quand au premier tu l'amenas dancer,
Dans le verger, l'amoureuse carolle.

Amour adonc me mit à son écolle,
Aiant pour maitre un peu sage penser,
Qui des le iour me mena commencer,
Le chapelet de la danse plus folle.

Depuis cinq ans dedans ce beau verger,
Ie vois balant auecque faus danger,
Sous la chanson d'Allegés moi Madame:
 Le tabourin se nomme fol plaisir,
La flûte erreur, le rebec vain desir,
Et les cinq pas, la perte de mon ame.

                MVRET.
Ha, Belacueil.) Ce Sonet est tiré du Romāt de la rose, la ou Belacueil meine l'amant dans le verger d'Amour. Par cette fiction on peut entendre, comment Amour abuse les siens.

EN escrimant un Démon m'élança,
Le mousse fil d'une arme rabatue,
 Qui de sa pointe aus autres non pointue,
Iusques à l'os le coude m'offença.

Ia tout le bras à seigner commença,
Quand par pitié la beauté qui me tuë,
De l'estancher, soigneuse s'esuertuë,
Et de ces dois ma plaie elle pança.

Las, di-ie lors, si tu as quelque enuie
De soulager les plaies de ma vie,
Et lui donner sa premiere vigueur,

 Non cette ci, mais de ta pitié sonde
L'âpre tourment d'une autre plus profonde,
Que vergogneus ie cele dans mon cœur.

                        n.i.

MVRET.

En eſcrimant.) Quelque fois eſcrimāt d'vne epée rabatuë, il ſe bleſſa biē fort au bras: dont il faīnt que quelque Demō, c'eſt a dire quelque mauuais Ange lui lança ce coup. Incontinēt ſa dame acourut vers lui pour le penſer. Mais il dit, que ſi elle auoit enuie de lui donner gueriſon, elle deuroit pluſtôt ſe ſoucier de guerir la plaie qu'il a dans le parfond du cœur. *Mouſſe.* Non tranchant. Mouſſe, eſt ce que les Latins diſent, *Hebes.* *D'vne arme.* D'vne epée.

Touiours des bois la ſime n'eſt chargée,
Sous les toiſons d'vn hyuer éternel,
Touiours des Dieus le foudre criminel
Ne darde en bas ſa menace enragée.

Touiours les vens, touiours la mer Egée
Ne gronde pas d'vn orage cruel:
Mais de la dent d'vn ſoin continuel,
Touiours touiours ma vie eſt outragée.

Plus ie me force à le vouloir tuer,
Plus il renait pour mieus s'eſuertüer
De feconder vne guerre en moimeſme.

O fort Thebain, ſi ta ſerue vertu
Auoit encor ce monſtre combatu,
Ce ſeroit bien de tes faits le treſiême.

MVRET.

Touiours des bois.) Il dit, q̃ toutes choſes ont quelque intermiſsion, fors ſon tourment, qui ne le laiſſe jamais en repos. *Sous les toiſons d'vn hyuer.* Sous les neges. *La mer Egée.* Qui eſt toutefois la plus tempeſteuſe mer, qu'on ſache: comme temoigne Denys en ſa coſmografie.

DE P. DE RONSARD. 199

Οὐ γάρ τις κείνῳ ἐναλίγκια κύματ' ὀφέλλει
Ὑψόθι μορμύρων ἕτερος πόρος ἀμφιτρίτης.

De feconder vne guerre en moimefme.) De faire qu'vne guerre naiffe perpetuellement dedans moi. *O fort Thebain.* Il s'adreffe a Hercule, qui purgea la terre de monftres: & dit, que s'il pouuoit combatre la force du foin, qui lui ronge l'efprit, on pourroit bien côter cela pour le trefiéme de fes beaus faits. *Ta ferue vertu.* Parce que tout ce que fit Hercule, fut en obeiffant a Euryfthée. *Le trefiéme.* Parce qu'on nôbre douſe principaus labeurs d'Hercule, combien qu'il i en a beaucoup d'autres.

IE veus bruller pour m'en voler aus cieus,
Tout l'imparfait de cette ecorce humaine,
M'eternifant, comme le fis d'Alcméne,
Qui tout en feu s'aſſit entre les Dieus.
Ia mon efprit chatouillé de fon mieus,
Dedans ma chair, rebelle fe promeine,
Et ia le bois de fa victime ameine
Pour s'enflamer aus raions de tes yeus.
O fainct brazier, ô feu chaftement beau,
Las, brule moi d'vn fi chafte flambeau.
Qu'abandonant ma depouille conüe,
N'ét libre, & nu, ie vole d'vn plein faut,
Iufques au ciel pour adorer la haut,
L'autre beauté dont la tiene eft venüe.

MVRET.

Ie veus bruller.) Il dit, qu'il eft contant de fe bruller aus raions qui fortent des yeus de fa dame: afin que fon efprit feparé du cors s'en vole iufques au ciel, pour côtempler, & adorer la beauté diuine, de laquelle eft venûe celle qui reluit en ſa dame. *Comme le fis d'Alcmene.* Comme Hercule, qui ſe brulla ſur vne montaigne de Theſſalie, nommée OEte. Voi le neuuiéme des Metamorfoſes d'Ouide, & la derniere Tragedie de Seneque. *Chatouillé de ſon mieus.* Point d'vn deſir du bien qu'il eſpere auoir aprés qu'il ſera ſeparé du cors. *Rebelle.* Se fâchant d'i demeurer. *Se promeine.* Comme deſireus de ſortir.

CE fol penſer pour s'en voler plus haut
Apres le bien que hautain ie deſire,
S'eſt emplumé d'æles iointes de cire,
Propres à fondre aus rais du premier chaut.

Lui fait oiſeau, diſpoſt de ſaut en ſaut,
Pourſuit en vain l'obget de ſon martire,
Et toi, qui peus, & lui dois contredire,
Tu le vois bien, Raiſon, & ne t'en chaut.

Sous la clarté d'vne eſtoile ſi belle,
Ceſſe penſer de haʒarder ton æle,
Ains que te voir en brullant deplumer:

Car pour étaindre vne ardeur ſi cuiſante.
L'eau de mes yeus ne ſeroit ſuffiſante,
Ni ſuffiſans touts les flots de la mer.

MVRET.

Ce fol penſer.) Il veut dire par ce Sonet, qu'il ſe deuroit retirer de penſer en ſa dame, veu qu'en i penſant il excite vn feu dedans ſoi, que non ſeulement ſes pleurs, mais toute l'eau de la mer ne ſauroit éteindre. Mais il deguiſe cela par vne allegorie, & faiſant vne alluſion a la fable de Dædale, qui pour ſoi, & pour ſon fils Icare fit des æles iointes de cire, auec leſquelles ils s'en volerent hors de Crete, ou ils etoient detenus prisonniers, il dit, que son Penser s'est aussi emplumé d'æles cirées (par ces æles entendant vne vaine & foible esperance) afin de paruenir a la hauteur de sa dame. Dit dauätage, que Raison qui le deuoit retirer de telle entreprise, le voit bien & si n'en tient conte. A la fin il admonneste ce Péser, qu'il ne s'addresse plus en si haut lieu, de peur qu'a la fin il se voie deplumer en brullant. C'est a dire, qu'il se voie embraser d'amour, & denuër d'esperance. Vne telle inuention est dans vn Sonet de l'Ariosto, qui se commence. *Nel mio pensier.*

OR que le ciel, or que la terre est pleine,
De glas, de græle esparse en tous endrois,
Et que l'horreur des plus froidureus mois
Fait herisser les cheueus de la plaine.
  Or que le vent, qui mutin se promeine
Romt les rochers, & desplante les bois,
Et que la mer redoublant ses abois,
Contre les bors sa plus grand rage ameine,
  Amour me brulle, & l'hyuer froidureus,
Qui gele tout, de mon feu chaleureus
Ne gele point l'ardeur, qui touiours dure:
  Voiés, Amans, comme ie suis traitté,
Ie meurs de froid au plus chaut de l'Esté,
Et de chaleur au cœur de la froidure.

MVRET.

Or que le ciel.) Il est assés aisé de soi.

n.iÿ.

Ie ne suis point, Muses, acoutumé
Voir vôtre bal, sous la tarde serée:
Ie n'ai point beu dedans l'onde sacrée
Fille du pié du cheual emplumé.

De tes beaus rais chastement alumé
Ie fu poëte: & si ma vois recrée,
Et si ma lyre aucunement agrée,
Ton œil en soit, non Parnase, estimé.

Certes le ciel te deuoit à la France
Quand le Thuscan, & Sorgue, & sa Florence,
Et son Laurier engraua dans les cieus:

Ore trop tard, beauté plus que diuine,
Tu vois nostre âge, helas, qui n'est pas digne,
Tant seulement de parler de tes yeus.

MVRET.

Ie ne suis point.)Il dit, que s'il est poëte, ce n'est point pour auoir veu les Muses, comme Hesiode, ne pour auoir beu de l'eau d'Hippocrene, ains que cela prouiét du bel œil de sa dame. *Sous la tarde serée.* Hesiode dit que les Muses vont de nuit.

Ἐννύχιαι στεῖχον περικαλλέα ὄσσαν ἱεῖσαι.

Fille du pié. Voi ce que i'ai dit en l'expositió du veu, qui est tout au commencement du liure. *Et si ma vois recrée.* Prins d'Horace,

    Quòd monstror digito prætereuntium,
      Romanæ fidicen lyræ:
    Quòd spiro, & placeo, si placeo, tuum est.

Le ciel te deuoit. Les dieus te deuoiét faire naitre. *Quàd le Thuscan.* Petrarque. *Sorgue.* Riuiere passant pres d'Auignon. *Et sa Florence.* Ville d'Italie, de laquelle il étoit natif. *Et son Laurier.* Sa dame Laure.

NI les dedains d'vne Nymfe si belle,
Ni le plaisir de me fondre en langueur,
Ni la fierté de sa douce rigueur,
Ni contre amour sa chasteté rebelle:
Ni le penser de trop penser en elle,
Ni de mes yeus la fatale liqueur,
Ni mes soupirs messagers de mon cœur,
Ni de ma flame vne ardeur eternelle.
Ni le desir qui me lime & me mord,
Ni voir écrite en ma face la mort,
Ni les erreurs d'vne longue complainte,
Ne briseront mon cœur de diamant,
Que sa beauté n'y soit touiours emprainte:
Belle fin fait qui meurt en bien aimant.

MVRET.

Ni les dedains.) Il dit, qu'il n'i a rien, qui le seut empescher d'estre amoureus iusqu'a la mort.

DEdans le lit ou mal sain ie repose,
Presque en langueur Madame trespassa
Au mois de Iuin, quand la fieure effaça,
Son teint d'oeillets, & ses leures de rose.
Vne vapeur auec sa fieure éclose,
Entre les dras son venin delaissa,
Qui par destin, diuerse, me blessa
D'vne autre fieure en mes veines enclose.
L'vn apres l'autre elle auoit froid & chaut:
Ne l'vn, ne l'autre a mon mal ne deffaut:
Et quand l'vn croit l'autre ne diminüe:

n.iiij.

L'âpre tourment touiours ne la tentoit,
De deus iours l'vn sa fieure s'alentoit,
Las, mais la mienne est touiours continüe.
MVRET.
Dedans le lit.) Se reposant dãs vn lit, ou sa dame auoit esté tormentée, par quelque tans d'vne fieure tierce : il dit que dans ce mesme lit il endure vn autre fieure, c'est a sauoir vne fieure amoureuse. Mais il i a difference entre la sienne, & celle de de sa dame. Car celle de sa dame faisoit, qu'elle auoit maintenant froid, maintenant chaut : mais la sienne fait, qu'il a froid & chaut tout ensemble. Sa dame n'étoit tourmentée, que de deus iours l'vn; mais il est tourmenté perpetuellement.

O Trais fichés dans le but de mon ame,
O folle emprise, ô pensers repensés,
O vainement mes ieunes ans passés,
O miel, ô fiel, dont me repaist Madame.

O chaut, ô froid, qui m'englace & m'enflame,
O prompts desirs d'esperance cassés,
O douce erreur, ô pas en vain trassés,
O mons, ô rocs, que ma douleur entame,

O Terre, ô mer, châos, destins & cieus,
O nuit, ô iour, ô Manes stygieus,
O fiere ardeur, ô passion trop forte:

O vous Démons, & vous diuins Esprits,
Si quelque amour quelque fois vous a pris,
Voiés pour dieu quelle peine ie porte.

MVRET.
O trais fichés.) Il inuoque toutes les choses qu'il peut ou voir, ou penser: & les prie de contempler la grandeur de la peine, qu'il soufre. Vn sonet tout semblable

est dans Petrarque, qui se commèce, *o paßi sparsi. D'esperance caßés.* Vuides d'esperance. Il prend, cassé, ainsi que les Latins prenent, *Cassus.* Vergile,
Demisere neci : nunc cassum lumine lugent.
Manes. Manes se nomment en Latin les ames sorties des cors. Il faut naturaliser, & faire François ce mot la, veu que nous n'en auons point d'autre.

Las ! force m'est qu'en brullant ie me taise,
Car d'autant plus qu'esteindre ie me veus,
Plus le desir me ralume les feus,
Qui languissoient dessous la morte braise.
Si suis-ie heureus, (& cela me rapaise)
De plus soufrir que soufrir ie ne peus,
Et d'endurer le mal dont ie me deus.
Ie me deus? non, mais dont ie suis bien aise.
Par ce dous mal i'adorai la beauté,
Qui me liant d'vne humble cruauté
Me dénoüa les liens d'ignorance.
Par lui me vint ce vertueus penser,
Qui iusqu'au ciel fit mon cœur élancer,
Aelé de foi, d'amour & d'esperance.

MVRET.

Las ! force m'est.) Combien qu'il sente vne douleur insuportable, si faut il, qu'il la soufre en se taisant : Car en se plaignant, il ne fait que plus fort alumer son feu. Si est il toutefois heureus d'estre en tel point martyré : veu que la beauté de sa dame lui a esté premierement occasion de se desempestrer de l'ignoráce, & de peu à peu eleuer son esprit à la contemplation de la beauté des choses celestes, & diuines. *Ie me deus? non.* Cette figure est nommée par les Grecs ἐπανόρθωσις : Les François la peuuent nommer, Correction.

AMour & Mars sont presque d'vne sorte,
L'vn en plein iour, l'autre combat de nuit,
L'vn aus riuaus, l'autre aus gesdarmes nuit
L'vn ront vn huis, l'autre ront vne porte.
 L'vn finement trompe vne vile forte,
L'autre coiment vne garde seduit:
L'vn vn butin, l'autre le gain poursuit,
L'vn deshonneur, l'autre dommage aporte.
 L'vn couche à terre, & l'autre git souuent
Deuant vn huis à la froideur du vent:
L'vn boit meinte eau, l'autre boit meinte larme.
 Mars va tout seul, les Amours vont tous seuls,
Qui voudra donc ne languir paresseus,
Soit l'vn ou l'autre, amoureus ou gendarme.

MVRET.

Amour & Mars.) C'est vne comparaison des amoureus, & des gendarmes, prinse entierement d'vne Elegie d'Ouide, qui se commence,
 Militat omnis amans: & habet sua castra Cupido.
Riuaus, Compaignons d'amour.

IAmais du cœur ne sera que ie n'aie,
Soit que ie tombe en l'obli du cercueil,
Le souuenir du fauorable acueil,
Qui regarit & rengregea ma plaie.
 Car cette la, pour qui cent mors i'essaie,
Me saluant d'vn petit ris de l'œil,
Si doucement satisfait à mon dueil,
Qu'vn seul regard les interests m'en paie.

Si donc le bien d'vn esperé bon iour,
plein de caresse, apres vn long seiour,
En cent nectars peut enyurer mon ame:
 Quel paradis m'apporteront les nuis,
Ou se perdra le tout de mes ennuis,
Euanoüi dans le sein de Madame?
   MVRET.
Iamais au cœur.) Il se reioüit d'vn salut que sa dame
lui auoit donné, auec vn gracieus sourris: preuoiāt par
la, combien de ioie lui aportera le don de ioüissance.

AV cœur d'vn val, emaillé tout au rond,
De mile fleurs, de loin i'auisai celle,
 Dont la beauté dedans mon cœur se cele,
Et les douleurs m'apparoissent au front.
Des bois toffus voiant le lieu profond,
l'armai mon cœur d'asseurance nouuelle,
Pour lui chanter les maus que i'ai pour elle,
Et les tourmens que ces beaus yeus me font.
 En cent façons, desia, desia ma langue
Auantpensoit les mots de sa harangue,
la soulageant de mes peines le fais,
 Quand vn Centaure enuieus sur ma vie
L'aiant en crope au galop l'a rauie,
Me laissant seul, & mes cris imparfaits.
   MVRET.
Au cœur d'vn val.) Il dit, que se promenant quelque
fois en vn lieu solitaire il aperceut sa dame, & incon-
tinent acourut vers elle, pourpensant desia la maniere
qu'il deuoit tenir à lui declarer la grādeur de sa peine.

Mais cellui qui la menoit en croppe, donna des esperons au cheual, & l'en emmena. *Auantpensoit.* Auantpenser est ce que les Grecs disent προμελιτᾷν. *Quand vn Centaure.* Ainsi appelle il cellui, qui menoit Cassandre en croppe. Les Poëtes faignent, comme i'ay dit deuant, que les Centaures étoient à demi hommes, à demi cheuaus. Mais au vrai, ce furent peuples de Thessalie, qui premiers monterent à cheual: & le simple peuple les aperceuant de loin, par derriere, iugeoit qu'ils étoient mi cheuaus, & mi hommes, Κεντᾷν en Grec, est à dire, piquer.

Veuue maison des beaus yeus de Madame,
  Qui pres & loin me paissent de douleur,
  Ie t'acompare à quelque pré sans fleur,
A quelque cors orfelin de son ame.

L'honneur du ciel n'est-ce pas cette flame
  Qui donne aus dieux & lumiere & chaleur?
  Ton ornement n'est-ce pas la valeur
De son bel œil, qui tout le monde enflame?

  Soient tes buffets chargés de masse d'or,
Et soient tes flancs empeinturés encor
De mainte histoire en fils d'or enlaßée:

  Cela, Maison, ne me peut réiouir,
Sans voir en toi cette Dame, & l'ouir,
Que i'oi touiours, & voi dans ma pensée.

MVRET.

Veuue maison.) Il parle à vne maison, en laquelle sa dame auoit quelque fois coutume de resider: & dit que comme le Soleil est l'ornement du ciel, ainsi l'œil d'icelle étoit l'ornemét de la maison: qui fait qu'elle étât absente, il ne sauroit aucunement prendre plaisir.

Puis qu'auiourdhui pour me donner confort,
De ses cheueus ma Maistresse me donne,
D'auoir receu, mon cueur ie te pardonne,
Mes ennemis au dedans de mon fort.

Non pas cheueus, mais vn lien bien fort,
Qu'Amour me lasse, & que le ciel m'ordonne,
Ou franchement captif ie m'abandonne,
Serf volontaire, en volontaire effort.

D'vn si beau crin le dieu que Déle honore,
Son col de lait blondement ne decore,
Ni les flambeaus du chef Egyptien.

Quand de leurs feus les astres se couronnent,
Maugré la nuit ne treluisent si bien,
Que ces cheueus qui mes bras enuironnent.

MVRET.

Puis qu'auiourd'hui.) Il loue des cheueus de sa dame, qu'elle lui auoit donnés pour en faire des brasselets. *Mes ennemis.* Amour & ses supposts. Voi ce que i'ai dit sur le Sonet, *Quand le Soleil. D'vn si beau crin.* Il dit que les cheueus d'Apollon, ne ceus de la roine Berenice ne furent iamais si beaus, comme ceus que sa Dame lui a donnés. *Le dieu que Déle honore.* Apollon, qui est toutefois loué d'auoir belle perruque. Orphée.

χρυσοκόμα, καθαρὰς φήμας, χρησμός τ' ἀναφαίνων.

Ni les flambeaus du chef Egyptië. Berenice roine d'Egypte, à cause d'vn veu qu'elle auoit fait pour son mari Ptolemée surnommé Euergete (lequel étoit aussi son frere) appendit ses cheueus, qu'elle auoit merueilleusement beaus, au temple de Venus. Le l'endemain ils n'i furent point trouués. Lors vn grand Mathematicien nommé Conon, pour apaiser le roi, qui en étoit faché, lui fit acroire que les dieus les auoient faits vé-

nir au ciel, & les auoient changés en vn astre de ses étoiles, lequel est encores auiourd'hui nommé, la perruque de Berenice. Calimach en fit vne Elegie, qui a esté tournée en Latin par Catulle, & se commence,
Omnia qui magni dispexit sidera mundi.

Ie m'asseuroi qu'au changement des cieus,
Cest an nouueau romproit ma destinée.
Et que sa trace en serpant retournée,
Adouciroit mon trauail soucieus:
Mais puis qu'il volte en vn rond pluuieus
Ses frons laués d'vne humide iournée,
Cela me dit qu'au cours de cette année
Ie pleuuerai ma vie par les yeus.
Las toi qui es de moi la quinte essence,
De qui l'humeur sur la mienne a puissance,
Ou de tes yeus serene mes douleurs,
Ou bien les miens alambique en fontaine,
Pour étoufer le plus vif de ma peine,
Dans le ruisseau, qui naitra de mes pleurs.

MVRET.

Ie m'asseuroi.) Il dit, qu'il esperoit, qu'au changement de l'année, son destin se changeroit aussi, & qu'il ne seroit plus si âprement tormété. Mais voiant le dernier iour de Decembre, & le premier de Ianuier estre pluuieus, il prend de la vn presage, qu'il pleuura sa vie par les yeus, c'est à dire, qu'il se consumera de pleurs, tout le lóg de l'année. A la fin il prie sa Dame, ou qu'elle apaise ses pleurs, ou qu'elle lui en face tant getter, que le ruisseau qui en sortira soit sufisant pour i etoufer sa flame. *Et que sa trace en serpent retournée.* Il semble que l'an se retourne en soi mesmes, comme vn serpent: d'ou mesme il a prins le nom: car, *An*, en composition de mots Latins sinifie quelque rondeur. De la sont, *Annus, annulus, ambio, ambustus, ambesus*, & tels autres. Vergile.

Atq; in se sua per vestigia voluitur annus.

A cette occasion les Egyptiens, comme tesmoigne Orus Apollo, voulans peindre l'an, peignoient vn serpent mordant sa queüe. *La quinte essence.* La meilleure & plus pure partie. Si tu veus entendre plus amplement que c'est à dire, quinte essence, voi vn liure apelé, le Ciel des Filosofes. *Alambique.* Fai distiler.

Seconde Aglaure, auienne que l'Enuie
Rouille ton cœur traitrement indiscret,
 D'auoir osé publier le secret,
Qui bienheuroit le bonheur de ma vie.

 Fiere à ton col Tisiphone se lie,
Qui d'vn remors, d'vn soin, & d'vn regret,
Et d'vn foüet, d'vn serpent, & d'vn trait,
Sans se lasser punisse ta folie.

 En ma faueur ce vers iniurieus
Suiue l'horreur du despit furieus,
Dont Archiloc aiguisa son Iambe:
 Et mon courrous t'ourdisse le licol
Du fil meurtrier, que le meschant Lycambe,
Pour se sauuer estraignit à son col.

MVRET.

Secöde Aglaure.) Il maudit vne, qui auoit reuelé quelque sien secret. *Seconde Aglaure.* Aglaure fille de Cecrops, parce qu'aiant promis a Mercure de lui aider, moiennát quelque somme d'argent, a iouïr d'vne sœur

qu'elle auoit, nommée Herse, parapres étant meue d'enuie, le voulut empescher, fut par lui conuertie en pierre. Voi le second des Metamorfoses. *L'enuie.*) Qui est le plus grand torment qui soit. Horace,
Inuidia Siculi non inuenere tyranni
Maius tormentum.
Tisiphone,) Vne des Furies. *En ma faueur.* Les vers d'Archiloch furent cause, que Lycambe se pendit. Il souhete que ces vers en facent autant a celle qui l'a offensé. Lycambe auoit promis de bailler sa fille Neobole en mariage au poëte Archiloch : & apres la lui refusa. Le poete courroussé fit des carmes Iambiques contre lui, par lesquels il le diffama si bien, que le pauure Lycambe de honte & de regret se pendit par le col. *Son Iambe,* son vers Iambique.

EN nul endroit, comme a chanté Virgile,
La foi n'est seure, & me l'a fait sauoir
Ton ieune cœur, mais vieil pour deceuoir,
Rompant la sienne infamement fragile.

Tu es vraiment & sotte, & mal habile,
D'assubgettir les cœurs à ton pouuoir,
Ioüet à vent, flot prompt à s'emouuoir,
Beauté trop belle en ame trop mobile.

Helas, Amour, si tu as quelque fois
Haussé ton vol sous le vent de ma vois,
Iamais mon cœur, de son cœur ne racointes.

Puisse le ciel sur sa langue enuoier
Le plus aigu de sa foudre à trois pointes
Pour le paiment de son iuste loier:

MVRET.

En nul endroit.) Ce Sonet & le precedent apartiennent à vne mesmes. *Comme a chāté Vergile, au quatriéme de l'Eneide,*

Nusquam tuta fides.

Son chef est d'or, son front est vn tableau
Où ie voi peint le gain de mon dommage,
Belle est sa main, qui me fait deuant l'age,
Changer de teint, de cheueus, & de peau.

Belle est sa bouche, & son soleil iumeau,
De neige & feu s'embellit son visage,
Pour qui Iuppin reprendroit le plumage,
Ore d'vn Cyne, or le poil d'vn Toreau.

Dous est son ris, qui la Meduse mesme,
Endurciroit en quelque roche blesme,
Vangeant d'vn coup cent mile cruautés,

Mais tout ainsi que le soleil efface
Les moindres feus: ainsi ma foi surpasse
Le plus parfait de toutes ses beautés.

MVRET.

Son chef est d'or.) Les beautés de sa dame sont grandes: mais la foi qui est en lui, les surpasse d'autant, comme le Soleil les étoiles. *Ore d'vn Cyne.* Comme pour Lede, de laquelle la fable est decritte amplement dans le troisième des Odes. *Or le poil d'vn toreau,* Comme pour Europe, de laquelle voi le liuret de Baif. *Meduse,* Voi ce que i'ai dit sur le Sonet. *Lors que mon œil.*

Touiours l'erreur, qui seduit les Menades,
Ne deçoit pas leurs esprits étonnés,
Touiours au son des cornets entonnés,

o. i.

Les mons Troiens ne foulent de gambades.
Touiours le Dieu des vineuses Thyades,
N'affolle pas leurs cœurs epoinçonnés,
Et quelquefois leurs cerueaux forcenés,
Cessent leur rage & ne sont plus malades.
Le Corybante a quelquefois repos,
Et le Curete aus piés armés dispos,
Ne sent touſiours le Tan de ſa deeſſe:
Mais la fureur, de celle qui me ioint,
En patience vne heure ne me laiſſe,
Et de ſes yeux touiours le cœur me point.

MVRET.

Touiours l'erreur.) Les miniſtres de Bacchus, & de Cybele, lors qu'ils ſacrifioient, étoient épris d'vne fureur, qui les faiſoit courir, crier, ſauteler, comme hors du ſens: mais cette fureur ne les tenoit pas touiours. Mais le poëte dit, que la fureur que ſa dame lui liure, ne le laiſſe pas vne heure en repos. *Mænades.* Preſtreſſes de Bacchus ainſi dittes du verbe μαίνεϰϑ, qui ſinifie eſtre hors du ſens. *Des cornets.* Aus ſacrifices de Bacchus, on iouoit de cornets, de trompettes, de flutes, de tabourins, tout l'vn parmi l'autre. Catulle,

Plangebant alij proceris tympana palmis,
Aut tereti tenues tinnitus ære ciebant,
Multi rancisonū efflabant cornua bombis,
Barbaráque horribili ſtridebat tibia cantu.

Thyades.) Ainſi ſe nomment auſsi les preſtreſſes de Bacchus, lequel entre ſes autres nôs eſt appellé Thyonée: ou à cauſe de ſa mere Thyone, ou parce qu'il inſtitua premier les ſacrifices, ou parce que le verbe θύειν en Grec ſinifie quelque fois auoir l'eſprit hors de ſoi.
Le Corybante. Corybantes étoiét nommés les preſtres de Cybele, du verbe κρύβειν, qui ſinifioit cacher, parce

DE P. DE RONSARD. 215

qu'ils cacherent Iuppiter nouuellement né, comme ie dirai apres. *Le Curete.* Rhée, autrement nōmée Cybele mere de Iuppiter, apres qu'il fut né, le porta en Crete, & le bailla en charge aus Curetes, peuples de ce païs la, de peur que Saturne, selon sa coutume, ne le man-geât. Les Curetes le cacherēt dans vn antre, autour du-quel ils dansoient tous armés, crians, & faisans entre-hurter leurs boucliers, de peur que Saturne ne l'enten-dist crier. Callimach.

Οὖλα δὲ κρῆτές γε περὶ πρύλιν ὠρχήσαντο,
Τεύχεα πεπλήγοντες, ἵνα κρόνος ἄσιν ἠχήν
Ἀσπίδος εἰσαΐοι, κ᾽ μή σεο κουρίζοντος.

Arat aussi le raconte. De la les prestres de Cybele furent nommés Curetes, & retindrent cette maniere de dāser en armes. Voi Ouide au quatrième des Fastes. *Le Tan.* La fureur. Ainsi prennent souuent les Grecs le mot, οἶστρος

Bien que les chams, les fleuues, & les lieus,
Les monts, les bois, que i'ai laißé derriere,
Me tiennent loin de ma douce guerriere,
Astre fatal d'ou s'ecoule mon mieus :
Quelque Demon par le congé des cieus,
Qui presidoient a mon ardeur premiere,
Conduit touiours d'une æle coutumiere
Sa belle image au seiour de mes yeus.
Toutes les nuits, impatient de hâte
Entre mes bras ie rembrasse & retâte
Son ondoiant en cent formes trompeur :
Mais quand il voit que content ie sommeille,
Moquant mes bras il s'enfuit, & m'esueille,
Me laissant plein de vergogne & de peur.

MVRET.

Bien que les chams.) Combien qu'il soit loin de sa da-me, si est ce quelque bon ange la lui fait voir toutes les

o.ij.

216 　　LES AMOVRS

nuits en songeant. Il ne se plaint que d'vne chose: c'est
que ses songes sont trop cours, & qu'ils finissent lors,
qu'il i prend plus grand plaisir. *Astre fatal.* Laquelle
est vn astre fatal. *Son ondoiant en cent formes trompeur.*
Son simulacre, qui me trompe, ondoiant deuant moi
en cent formes.

I*L faisoit chaut, & le somme coulant*
　Se distiloit dans mon ame songearde,
　　Quand l'incertain d'vne idole gaillarde,
Fut doucement mon dormir affolant.
　Panchant sous moy son bel iuoire blanc,
Et mi-tirant sa langue fretillarde,
Me baisotoit d'vne léure mignarde,
Bouche sur bouche & le flanc sus le flanc.
　Que de coral, que de lis, que de roses,
Ce me sembloit, à pleines mains decloses,
Tastai-ie lors entre deus maniments?
　Mon dieu mon dieu de quelle douce aleine,
De quelle odeur estoit sa bouche pleine,
De quels rubis, & de quels diamants?

MVRET.

Il faisoit chaut.) Il decrit le plaisir qu'il print en son-
geant, s'étant endormi, quelque apresdinée d'esté. Le
sens n'est pas fort difficile à comprendre.

C*Es flots iumeaus de lait bien époissi,*
　Vont & reuont par leur blanche valée,
　　Comme à son bord la marine salée,
Qui lente va, lente reuient aussi.

DE P. DE RONSARD. 217

Vne distance entre eus se fait, ainsi
Qu'entre deus monts vne sente égalée,
En touts endroits de neige deualée,
Sous vn hiuer doucement adouci.

Là deus rubis haut éleués rougissent,
Dont les raions cest iuoire finissent
De toutes pars vniment arrondis:
Là tout honneur, là toute grace abonde:
Et la beauté si quelqu'vne est au monde,
Vole au seiour de ce beau paradis.

MVRET.

Ces flots iumeaus.) Il décrit la beauté des tetins de sa dame, disant que le sein d'icelle est vn paradis de beauté, auquel s'en volent toutes les autres beautés qui sont au monde. *Vont & reuont.* Ainsi l'Arioste,

Due pome acerbe, e pur d'auorio fatte
Vengono, e van come onda al primo margo,
Quando piaceuole aura il mar combate.

Vne distance. L'Arioste mesmes en vn autre lieu,

Spatio sra lor tal discendea, qual fatte
Esser veggian fra piccolini colli
L'ombrose valli in sua stagione amene,
Ch'el verno habbia di nieue allhora piene.

Quelle langueur ce beau front deshonore?
Quel voile oscur embrunit ce flambeau?
Quelle palleur despourpre ce sein beau,
Qui per à per combat auec l'Aurore?
Dieu medecin, si en toi vit encore
L'antique feu du Thessale arbrisseau,
Las! pren pitié de ce teint damoiseau,
Et son lis palle en œillets recolore.

o.iij.

218   LES AMOVRS

Et toi Barbu fidele gardien
Des Rhagusins, peuple Epidaurien,
Deflame aussi le tison de ma vie:
S'il vit, ie vi, s'il meurt, ie ne suis riens:
Car tant son ame à la mienne est vnie,
Que ses destins seront suiuis des miens.

MVRET.

Quelle langueur.) Sa dame étát malade d'vne fieure, il prie Apollon, & Esculape de la guerir, disant, que si elle meurt, il est impossible qu'il viue. *Dieu medecin.* Il entend Apollon, qui premier inuenta la medecine. *Du Thessale arbrisseau.* De Dafné pucelle Thessaliéne, qui fut changée en laurier. Voi le premier des Metamorfoses. *Et toi Barbu.* Il entend Esculape fis d'Apollon, lequel les anciens souloient peindre auecques longue barbe. *Des Rhagusins, peuple Epidaurien.* Marulle au quatriéme liure des Epigrammes temoigne, que les Rhagusins, peuple d'Italie, sont venus d'Epidaure, vile dediée à Esculape. *Deflame aussi le tison de ma vie.* Oste l'ardeur de la fieure à celle, de laquelle depand ma vie, comme celle de Meleagre depandoit d'vn tison. Voi Ouide au huittiéme des Metamorfoses. *Que ses destins.* Sa mort. Ainsi disent souuent les Latins, *fata*, & les Grecs, *ἤγ*.

D'Vn Océan qui nôtre iour limite
Iusques à l'autre, on ne voit point de fleur,
Qui de beauté, de grace & de valeur,
Puisse combatre au teint de Marguerite.
Si riche gemme en Orient élite
Comme est son lustre affiné de bon heur,
N'emperla point de la Conche l'honneur
Ou s'apparut Venus encor petite.

Le pourpre éclos du sang Adonien,
Le triste Ai Ai du Telamonien,
Ni des Indois la gemmeuse largesse,
Ni touts les biens d'vn riuage estranger,
A leurs tresors ne sauroient eschanger
Le moindre honneur de sa double richesse.

MVRET.

D'vn Ocean.) Il loue celle la, de laquelle i'ai parlé au Sonet, qui se commence. *Piqué du nom. Si riche gemme.* C'est à dire : En la coquille, dans laquelle Venus nouuellement née vint à bord, n'i auoit point vne si belle perle, comme est cette Marguerite. *Le pourpre éclos du sang Adonien.* La fleur qui naquit du sang d'Adonis, apres qu'il fut tué par le sangler. Voi la fin du dixiême des Metamorfoses. *Le triste Ai Ai du Telamonien.* La fleur en laquelle sont ecrittes ces deus letres Ai, qui nâquit du sang d'Aiax fis de Telamon. Voi ce que i'ai dit sur le Sonet, qui se commence. *Ie veus darder. Ni des Indois.* Le pais d'Indie est abódant en pierres precieuses. *De sa double richesse.* Il dit, double, par ce que le nom Marguerite, est le nom & d'vne fleur, & d'vne perle.

AV plus profond de ma poitrine morte,
Sans me tuer vne main ie reçoi,
Qui me pillant entraine aueque soi
Mon cœur captif, que maitresse elle emporte.

Coutume inique, & de mauuaise sorte,
Malencontreuse & miserable loi,
Tant à grand tort, tant tu es contre moi,
Loi sans raison, miserablement forte.

Faut il que veuf, seul entre mile ennuis,
Mon lit desert ie couue tant de nuits?
Hà! que ie porte & de haine, & d'enuie.

o.iiij.

A ce Vulcan ingrat, & sans pitié,
Qui s'opposant aus rais de ma moitié,
Fait eclipser le Soleil de ma vie.

MVRET.

Au plus profond.) Ainsi qu'il étoit à deuiser aueques sa dame, vn qui auoit autorité sur elle, la vint prendre, & l'emmena, dequoi il se plaint, disant qu'en s'en allât elle lui auoit arraché le cœur. *A ce Vulcan.* Ainsi nomme il cellui, qui emmenoit sa dame, par ce qu'il étoit ainsi laid, & de mauuaise grace, comme les Poëtes disent estre Vulcan. *Eclipser.* Euanoüir, Disparoitre.

REn moi mõ cœur, ren moi mõ cœur pillarde,
Que tu retiens dans ton sein arresté:
Ren moi, ren moi ma douce liberté
Qu'à tes beaus yeus, mal caut, ie mis en garde.

Ren moi ma vie, ou bien la mort retarde,
Qui me deuance au cours de ta beauté,
Par ne sai quelle honneste cruauté,
Et de plus pres mes angoisses regarde.

Si d'vn trespas tu paies ma langueur,
L'âge à venir maugreant ta rigueur,
Dira sus toi : De cette fiere amie

Puissent les os reposer durement,
Qui de ses yeus occit meurtrierement
Vn qui l'auoit plus chere que sa vie.

MVRET.

Ren moi mon cœur.) Il dit à sa dame, ou qu'elle lui ren de son cœur, ou qu'elle vse enuers lui de quelque humanité pour retarder sa mort : l'asseurant, qu'elle sera mauditte de la posterité, si par sa rigueur elle le contraint à mourir.

Quand le grãd œil dans les Iumeaus arriue,
Vn iour plus dous seréne l'Vniuers,
 D'épics crestés ondoient les chãs vers,
Et de couleurs se peinture la riue.
 Mais quand sa fuite obliquement tardiue,
Par le sentier qui rouille de trauers,
Atteint l'Archer, vn changement diuers
De iour, d'épics, & de couleurs les priue.
 Ainsi quand l'œil de ma deesse luit,
Dedans mon cœur, dans mon cœur se produit
Vn beau printans qui me donne asseurance:
 Mais aussi tost que son raion s'enfuit,
De mon printans il auorte le fruit,
Et à miherbe il tond mon esperance.

MVRET.

Quand le grand œil.) Il fait vne comparaison de l'œil de sa dame au Soleil. *Le grand œil.* Le Soleil. *Dans les Iumeaus.* Ce qui se fait le dishuittiême de Mai, selõ Ptolemæe. *Par le sentier qui rouille de trauers.* Par le cercle apelé Zodiaque. *Atteint l'Archer.* Le XVIII. de Nouébre. *Il auorte,* Il fait auorter.

Fauche, Garçon, d'vne main pilleresse,
 Le bel émail de la verte saison,
 Puis à plein poin enionche la maison
Du beau tapis de leur meslange espaisse.
 Dépan du croc ma lyre chanteresse:
Ie veus charmer, si ie puis, la poison,
Dont vn bel œil sorcela ma raison
Par la vertu d'vne œillade maitresse.

Donne moi l'encre, & le papier aussi:
En cent papiers témoins de mon souci,
Ie veus tracer la peine que i'endure:
   En cent papiers plus durs que diamant,
A celle fin que la race future,
Iuge du mal que ie soufre en aimant.

MVRET.

Fauche Garson. Il parle a son seruiteur, lui disant qu'il aille cueillir force fleurs a getter parmi sa chambre, & qu'il lui donne sa lyre, affin d'adoucir vn peu son torment. Dit d'auantage, que puis qu'il ne peut faire autre chose, pour le moins fera il tãt, que sa peine sera entendue de toute la posterité. *En cent papiers plus durs que diamant.* C'est a dire, ausquels i'ecrirai choses, qui serõt de plus longue durée, que le diamant.

Les vers d'Homere entreleus d'auanture,
Soit par destin, par rencontre, ou par sort,
   En ma faueur chantent tous d' vn accord
La garison du tourment que i'endure.
   Ces vieus Barbus, qui la chose future,
Des traits des mains, du visage, & du port,
Vont predisant, annoncent reconfort
Aus passions de ma peine si dure.
   Mesmes la nuit, le somme qui vous mét
Douce en mon lit, augure, me promet
Que ie verrai vos fiertés adoucies:
   Et que vous seule, oracle de l'amour,
Verifirés dans mes bras quelque iour,
L'arrest fatal de tant de profecies

MVRET.

Les vers d'Homere. Il dit, que toutes les choses par lesquelles on peut preuoir ce qui est a venir, lui predisent qu'a la fin il obtiendra de sa dame, ce qu'il desire. *Les vers d'Homere.* C'étoit vne chose vsitée aus anciens d'ouurir vn Homere, ou vn Vergile, ou autre tel poëte a l'auanture, & des vers qu'ils rencôtroient a cette fortuite ouuerture, colliger les choses qui leur deuoient auenir. Les exemples en sont assés frequens aus histoires. *Ces vieus Barbus.* Il entend ceus, qui vulgairement sont apelés Bohemiens. *Vous seule, oracle de l'amour.* Vous qui estes seule, de laquelle la vois peut seruir de certain oracle a mon amour.

VN sot Vulcan ma Cyprine fâchoit,
Mais elle apart qui son courrous ne cele,
L'vn de ses yeus arma d'vne estincelle,
De l'autre vn lac sur sa iouë espanchoit.

Tandis Amour qui petit se cachoit,
Folatrement dans le sein de la belle,
En l'œil humide aloit baignant son æle,
Puis en l'ardent ses plumes il sechoit.

Ainsi voit on quelquefois en vn tans,
Rire & pleurer le soleil du printans,
Quand vne nuë a demi trauersé.

L'vn dans les miens darda tant de liqueur,
Et l'autre apres tant de flames au cœur,
Que pleurs & feus depuis l'heure ie verse.

MVRET.

Vn sot Vulcan.) Il decrit la côtenâce de sa dame étant fachée pour l'occasion que i'ai touchée au Soner, qui se commence, *Au plus profond.* *Ainsi voit on.* Comparaison prinse de l'Ariofte, parlant d'Olympie.

Era il bel viso, qual esser suole
Da primauera alcuna volta il cielo,
Quando la pioggia cade, e a vn tempo il Sole
Si sgombra intorno il nubiloso velo.

Mon dieu, quel deuil, & quelles larmes sain-
tes,
 Et quels soupirs Madame aloit formant,
Et quels sanglots, alors que le tourmant
D'vn teint de mort ses graces auoit peintes.

 Croisant ses mains a l'estomac estraintes
Fichoit au ciel son regard lentement,
Et triste, apart pleuroit si tristement,
Que les rochers se brisoient de ses plaintes,

 Les cieus fermés aus cris de sa douleur,
Changeans de front de grace & de couleur,
Par sympathie en deuindrent malades:

 Tous renfrognés les astres secoüoient
Leurs rais du chef, telles pitiés noüoient
Dans le crystal de ses moites œillades.

MVRET.

Mon dieu, quel deuil.) L'argument de ce Sonet depand du precedent. *Les cieus fermés.* Arrestés. Mot Italien. *Par sympathie.* Par vne similitude, & come coionction de nature, qui est entre elle & les cieus. Sympathie est vn mot Grec: mais il est force d'en vser, veu que nous n'en auons point d'autre.

Le feu iumeau de Madame brulloit
 Par le raion de sa flame diuine,
 L'amas pleureus d'vne oscure bruine
Qui de leur iour la lumiere celoit.

Vn bel argent chaudement s'écouloit
Deſſus ſa iouë, en la gorge iuoirine,
Au paradis de ſa chaſte poitrine,
Où l'Archerot ſes fleches émouloit.

De nege tiede eſtoit ſa face pleine,
D'or ſes cheueus, ſes deus ſourcis d'ebéne,
Les yeus m'etoient vn bel aſtre fatal:
Roſes & lis, où la douleur contrainte
Formoit l'accent de ſa iuſte complainte,
Feu ſes ſoupirs, ſes larmes vn cryſtal.

MVRET.

Le feu iumeau.) Il continue encor a decrire la contenance de ſa dame etant ainſi fachée. *Vn bel argent*. Il entend les larmes. *Emouloit*. Aiguiſoit. *De nege tiede*. Ces ſis carmes ſont preſque traduits de Petrarque.

    La teſta or fino, e calda neue il volto,
Hebeno i cigli, e gli occhi eran due ſtelle,
Ond' Amor l'arco non tendeua in fallo:
    Perle, e roſe vermiglie, oue l'accolto
Dolor formaua ardenti voçi e belle,
Fiamma i ſoſpir, le lagrime cryſtallo.

Elui qui fit le monde façonné
Sur le compas de ſon parfait exemple,
Le couronnant des voutes de ſon temple,
M'a par deſtin ton eſclaue ordonné.

Comme l'eſprit, qui ſaintement eſt né
Pour voir ſon Dieu, quand ſa face il contemple,
De touts ſes maus vn ſalaire plus ample
Que de le voir, ne lui eſt point donné:

Ainsi ie pers ma peine coutumiere,
Quand à lons trais i'œillade la lumiere
De ton bel œil, chefdœuure nompareil.

Voila pour quoi, quelque part qu'il seiourne,
Tousiours vers lui maugré moi ie me tourne,
Comme vn Souci aus raions du Soleil.

MVRET.

Cellui qui fit.) Ce Sonet est presque traduit d'vn de Bembo, qui se commence. *L'alta cagion. De son temple.* Du ciel. *De son parfait exemple.* De l'Idée qu'il en auoit eternellement conceüe. *Comme vn Souci.* Le Souci est vne fleur nommée par les Grecs, *Heliotropium.* A cause qu'elle se tourne touiours vers le Soleil.

Que Gâtine ait tout le chef iaunissant
De maint citron & mainte belle orenge,
Que toute odeur de toute terre étrange,
Aille par tout nos plaines remplissant.

Le Loir soit lait, son rampart verdissant,
En vn tapis d'esmeraudes se change,
Et le sablon, qui dans Braie se range,
D'arenes d'or soit par tout blondissant.

Pleuue le ciel des parfums & des roses,
Soient des grans vens les aleines encloses,
La mer soit calme, & l'ær plein de bon heur:

Voici le iour, que l'enfant de mon maitre,
Naissant au monde, au monde a fait renaitre,
La foi premiere, & le premier honneur.

MVRET.

Que Gâtine ait.) Ce Sonet est fait sur la naissance de Mõseigneur le Duc de Beaumõt fis ainé de Mõseigneur le duc de Vandôme: a laquelle il souhaite, qu'il n'i ait chose au païs de Vandomois, qui ne demontre signe de reiouïssance. *De mon maitre, De mon prince.*

Eune Herculin, qui des le ventre saint,
Fus destiné pour le commun seruice:
Et qui naissant rompis la teste au vice
De ton beau nom dedans les astres peint:
  Quand l'age d'homme aura ton cœur atteint,
S'il reste encor quelque trac de malice,
Le monde adonc ployé sous ta police
Le pourra voir totalement estaint.
  Encependant crois enfant, & prospere,
Et sage, apren les haus faits de ton pere,
Et ses vertus, & les honneurs des Rois.
  Puis autre Hector tu courras à la guerre,
Autre Iason tu t'en iras conquerre.
Non la toison, mais les chams Nauarrois.

MVRET.

Ieune Herculin.) Il dit, que ce prince est né pour deffaire la trouppe des vices, cōme Hercule iadis fut predestiné pour deffaire les monstres. *Par ton beau nom.* Par le nom de Henri, que tu portes: qui t'est commun aueques le treschrestien Roi HENRI, & aueques ton aieul le Roi de Nauarre, tes parrains. *Tu courras.* Tu iras brusquement auec vne ardēte affection. *Les chams Nauarrois.* Le Roiaume de Nauarre iniustemēt vsurpé par l'Empereur.

Comme on souloit si plus on ne me blâme
  D'estre touiours lentement ocieus,
Ie t'en ren grace heureus trait de ces yeus,

Qui m'ont parfait l'imparfait de mon ame.
  Ore l'éclair de leur diuine flame,
Dreſſant en l'ær mon vol audacieus
Pour voir le Tout, m'eſleue iuſqu'aus cieus,
Dont ici bas la partie m'enflame.
  Par le moins beau, qui mon penſer æla
Au ſein du beau mon penſer s'en vola,
Epoinçoné d'vne manie extreme :
  Là, du vrai beau i'adore le parfait,
Là, d'otieus actif ie me ſuis fait,
Là, ie coneu ma maitreſſe & moi-meſme.

MVRET.

Comme au Soleil.) Il dit, que ſi maintenant on ne le blâme d'eſtre pareſſeus, comme il ſouloit, l'honneur en eſt deu aus beaus yeus de ſa dame. *Pour voir le Tout.* Pour côtempler la beauté diuine, ſource de toutes autres beautés. *Manie.* Fureur. Platô au Fædre témoigne, que les anciés eſtimoient ce nom la treshoneſte. *Actif.* Diligent.

Braue Aquilon, horreur de la Scythie
Le chaſſenue, & l'ebranlerocher,
  L'irritemer, & qui fais approcher
Aus enfers l'vne, aus cieus l'autre partie :
  S'il te ſouuient de la belle Orithye,
Toi de l'hyuer le plus fidele archer,
Fais à mon Loir ſes mines relâcher,
Tant que Madame à riue ſoit ſortie.
  Ainſi ton front ne ſoit iamais moiteus,
Et ton goſier horriblement venteus,

DE P. DE RONSARD.   229

Mugle touiours dans les cauernes basses:
Ainsi les bras des chesnes les plus vieus,
Ainsi la terre, & la mer, & les cieus
Tremblent d'effroi, quelque part ou tu passes.

MVRET.

Braue Aquilon.) Voiant quelque fois sa dame tourmentée des vens, sur la riuiere du Loir, il fait ce veu au vent Borée, le priant de s'apaiser tant qu'elle vienne a bort. *Horreur de la Scythie.* Ouide,

       -*Scythiam, septémque triones*
    Horrifer inuasit Boreas.

Le chassenue.) Parce qu'il a vertu de chasser & dissiper les nües, comme temoigne le commentaire d'Arat, sur ce lieu,

    -μέχρι βορέος ἄπασα ἐφ᾽ ἑαυτὸς ἰδυια.

Ces trois mots, chassenue, ebranlerocher, & irritemer, sont heureusement cōposés a la maniere Greque: pour sinifier les effets du vent Borée, desquels il se vante lui mesmes en Ouide, disant ainsi,

    Apta mihi vis est: hac tristia nubila pello,
    Hac freta concutio, nodosáque robora verto.

Orithye.) C'est le nom d'vne fille du roi Erechtée, de laquelle le vent Borée fut amoureus, & la rauit. Voi la fin du sisième des Metamorfoses. *Mugle.* Mugler se dit proprement du cri des beufs. *Mugire.*

S OEur de Paris la fille au roi d'Asie,
  A qui Phebus en doute fit auoir
    Peu cautement l'aiguillon du sauoir,
Dont sans proffit ton ame fut saisie.
  Tu variras vers moi de fantasie,
Puis qu'il te plait (bien que tard) de vouloir
                p i.

Changer ton Loire au seiour de mon Loir,
Voire ı fonder ta demeure choisie.

En ma faueur le ciel te guide ici,
Pour te montrer de plus pres le souci
Qui peint au vif de ses couleurs ma face.

Vien Nymfe vien, les rochers & les bois
Qui de pitié s'enflament sous ma vois,
De leurs soupirs echauferont ta glace.

MVRET.

Sœur de Paris.) Il se reiouït, dequoi sa dame viēt pour demeurer au païs de Vandomois, esperant par la, plus aisément amollir la rigueur d'icelle. *Au Roi d'Asie.* A Priam. *A qui Phœbus.* Voi ce que i'ai dit sur le Sonet, qui se commence, *D'vn abusé.*

L'*Or crépelu, que d'autant plus i'honore,*
Que mes douleurs s'augmentent de leur beau,
Lâchant vn iour le nou de son bandeau,
S'éparpilloit sur le sein que i'adore.

Mon cœur, helas, qu'en vain ie rapelle ore,
Vola dedans, ainsi qu'vn ieune oiseau,
Qui s'enfueillant dedans vn arbrisseau,
De branche en branche à son plaisir s'essore:

Lors que voici dis beaus dois iuoirins,
Qui ramassans ses blons filets orins,
Pris en leurs rets esclaue le lierent.

I'eusse crié, mais la peur que i'auois,
Gela mes sens, mes poumons, & ma vois,
Et ce pandant le cœur ils me pillerent.

MVRET.

L'or crespelu.) La fictiõ de ce Sonet est prinse de Bembo, au Sonet, qui se commence. *Da que' bei crin.* Il dit que sa dame auoit vn iour delié ses cheueux: & que son cœur, vola dedans, comme vn oiseau, si bien qu'a la fin il i fut empestré. *S'essore.* Mot de fauconnerie.

L'Homme est vraimẽt ou de plomb, ou de bois,
  S'il ne tressaut de creinte & de merueille,
  Quand face à face il voit ma nompareille,
Ou quand il oit les acors de sa vois,

  Ou quand, pensiue, au tours des plus beaus mois
La voit a part, (comme vn qui se conseille)
Tracer les prés, & d'vne main vermeille
Trier de ranc les fleurettes de chois:

  Ou quand l'Esté, lors que le chaut s'auale,
Au soir, a l'huis, il la voit, qu'elle égale
La soie a l'or d'vn pouce ingenieus:

  Puis de ses dois, qui les roses effacent,
Toucher son luc, & d'vn tour de ses yeus
Piller les cœurs de mile hommes qui passent.

MVRET.

L'homme est vraiment.) Il est assés aisé de soi.

AVec les fleurs & les boutons éclos
  Le beau printans fait printaner ma peine,
  Dans chaque nerf, & dedans chaque veine
Souflant vn feu qui m'ard iusques a l'os.

p.ij.

Le Marinier ne conte tant de flos,
Quand plus Borée horrible son haleine,
Ni de sablons l'Afrique n'est si pleine,
Que de tourmens dans mon cœur sont enclos.

I'ai tant de mal, qu'il me prendroit enuie
Cent fois le iour de me trancher la vie
Minant le fort où loge ma langueur,

Si ce n'estoit que ie tremble de creinte
Qu'apres la mort ne fust la plaie eteinte
Du coup mortel qui m'est si dous au cœur.

MVRET.

Auec les fleurs.) Il dit, que le printans lui renouuelle sa douleur : & qu'il sent vn si grand nombre de maus, que cent fois le iour il lui prendroit enuie de se tuer, si n'étoit qu'il craint, que la mort mesme ne puisse metre fin a sa peine. *Printaner*, Reuerdir. *Horrible*. Horribler, est rendre horrible. Mot inuenté par l'auteur. Il en a vsé aussi en l'Ode de la pais. *l'Afrique*. Laquelle est toutefois merueilleusement sablonneuse Catulle;

Quàm magnus numerus Libyssæ arenæ
Laserpiciferis iacet Cyrenis.

SI blond, si beau, comme est vne toison
Qui mon dueil tüe, & mon plaisir renforce,
Ne fut onq l'or, que les toreaus par force,
Au champ de Mars donnerent à Iason.

De ceus, qui Tyr ont éleu pour maison,
Si fine soie en leurs mains ne fut torse :
Ni mousse encor ne reuestit écorse
Si tendre qu'elle en la prime saison.

Poil folleton, ou nichent mes lieſſes,
Puis que pour moi tes compaignons tu laiſſes,
Ie ſen ramper l'eſperance en mon cœur:
Courage Amour, deia la vile eſt priſe,
Lors qu'en deus parts, mutine, ſe deuiſe,
Et qu'vne part ſe vient rendre au vainqueur.

MVRET.

Si blond, ſi beau.) Aiant receu des cheueus de ſa dame, il loüe la beauté diceus. Sur la fin il dit, que côme, quand les citoiens d'vne vile aſsiegée ſe diuiſent entre eus, tellement que l'vne partie ſe rend, c'eſt vn tresbon ſigne pour ceus qui tiennent le ſiege: ainſi, veu que les cheueus de ſa dame ſe diuiſent, & que l'vne partie ſe vient rendre a lui, cela lui eſt vn preſage certain de victoire. *Au champ de Mars.* Voi le ſeptiême des Metamorfoſes. *De ceus qui Tyr.* La ſoie de l'Ile de Tyr étoit ancienement fort eſtimée.

D'*Vne vapeur encloſe ſous la terre,*
Ne s'eſt pas fait cet eſprit ventueus,
Ni par les chams le Loir impetueus
De nege cheute à toute bride n'erre.

Le prince Eole en ces mois ne deſſerre
L'eſclaue orgueil des vens tumultueus,
Ni l'Ocean des flots tempeſtueus
De ſa grand clef, les ſources ne deſſerre.

Seuls mes ſoupirs ont ce vent enfanté,
Et de mes pleurs le Loir s'eſt augmenté,
Pour le depart d'vne beauté ſi fiere:

Et m'esbaïs de tant continuer
Soupirs, & pleurs, que ie n'ai veu muer
Mon cœur en vent, & mes yeus en riuiere.

MVRET.

D'vne vapeur.) Sa dame étant departie d'aueques lui, auint que tresgrans vens s'émeurent, & la riuiere du Loir s'enfla plus que de coutume. Il dit, que les vẽs ont esté engendrés de ses soupirs, & la riuiere augmentée de ses pleurs. *L'esclaue orgueil des vens tumultueus.* Les vens orgueilleus, & tumultueus, lesquels il tient esclaues, & enserrés dans ses cauernes.

Ie suis, ie suis plus aise que les Dieux,
Quand maugré toi tu me baises, Maitresse:
De ton baiser la douceur larronnesse
Tout éperdu m'enuole iusque aus cieus.

Quant est de moi i'estime beaucoup mieus
Ton seul baiser, que si quelque Déesse
En cent façons, doucement tenteresse
M'acoloit nu d'vn bras delicieus.

Il est bien vrai que tu as de coutume
D'entremeller tes baisers d'amertume,
Les donnant cours. mais quoy? ie ne pourrois

Viure autrement, car mon ame, qui touche
Tant de beautés, s'enfuiroit par ma bouche,
Et de trop d'aise en ton sein ie mourrois.

MVRET.

Ie suis, ie suis.) Il decrit le plaisir, qu'il préd a baiser sa dame. *La douceur larronnesse.* Qui me derrobe le cœur. *M'enuole.* Me rauit.

Elle qu'elle est dedans ma souuenance
Ie la sen peinte, & sa bouche, & ses yeus,
Son dous regard, son parler gratieus,
Son dous meintien, sa douce contenance.

DE P. DE RONSARD.

Vn seul Ianet, honeur de nostre france,
De ses craions ne la portrairoit mieus,
Que d'vn Archer le trait ingenieus
M'a peint au cœur sa viue remembrance.

Dans le cœur donque au fond d'vn diamant
I'ai son portrait que ie suis plus aimant
Que mon cœur mesme, o sainte portraiture,
De ce Ianet l'artifice mourra
Frapé du tans, mais le tien demourra
Pour estre vif apres ma sepulture.

MVRET.

Telle quelle est.) Paintre du monde ne sauroit si bien pourtraire sa dame, comme il se dit l'auoir pourtraitte dans le cœur. Vn seul Ianet. Ianet paintre du Roi, hōme, sans controuerse, premier en son art.

CHANSON.

Petite Nymfe folastre,
Nymfette que i'idolatre,
Ma mignonne dont les yeus
Logent mon pis & mon mieus:
Ma doucette, ma sucrée,
Ma Grace, ma Cytherée,
Tu me dois pour m'apaiser
Mile fois le iour baiser.
Auance mon cartier belle,
Ma tourtre, ma colombelle,
Auance moi le cartier
De mon paiment tout entier.

p.iiij.

Demeure, où fuis tu Maitresse?
Le desir qui trop me presse,
Ne sauroit arrester tant
S'il n'a son paiment contant.
Reuien reuien mignonnette,
Mon dous miel, ma violete,
Mon œil, mon cœur, mes amours,
Ma cruëlle, qui touiours
Treuues quelque mignardise,
Qui d'vne douce faintise
Peu à peu mes forces fond,
Comme on voit dessus vn mont
S'écouler la nege blanche:
Ou comme la rose franche
Pert le pourpre de son teint
Du vent de la Bise atteint.
 Où fuis-tu mon âmelete,
Mon diamant, ma perlete:
Las! reuien mon sucre dous,
Sur mon sein, sur mes genous,
Et de cent baisers apaise
De mon cœur la chaude braise.
 Donne men bec contre bec,
Or vn moite, ores vn sec,
Or vn babillard, & ores
Vn qui soit plus long encores
Que ceus des pigeons mignars,
Couple à couple fretillars.
Ha là! ma doulce Guerriere

Tire un peu ta bouche arriere,
Le dernier baiſer donné
A tellement étonné
De mile douceurs, ma vie,
Qu'il me l'a preſque rauie,
Et m'a fait voir ademi
Le Nautonnier ennemi,
Et les pleines ou Catulle,
Et les riues ou Tibulle,
Pas à pas ſe promenant,
Vont encore maintenant
De leur bouchettes blémies,
Rebaiſotans leurs amies.

MVRET.

Petite Nymphe.) Cette chanſon eſt aſſés aiſée de ſoi.

D Es Grecs marris l'induſtrieuſe Helene,
Et des Troiens, ouurageoit les combas,
Deſſus ta gaze en ce point tu t'ebas
Traçant le mal duquel ma vie eſt pleine.

Mais tout ainſi, maitreſſe, que ta laine
D'un filet noir figure mon treſpas,
Tout au rebours, pourquoi ne peins-tu, las!
De quelque verd un eſpoir à ma peine?

Las! ie ne voi ſur ta gaze rangé
Sinon du noir, ſinon de l'orangé,
Triſtes témoins de ma longue ſoufrance,

O fier deſtin, ſon œil ne me defait
Tant ſeulement, mais tout ce qu'elle fait,
Ne me promet qu'une deſeſperance.

MVRET.

Des Grecs marris.) Voiant quelque fois sa dame s'ésbatant à ouurer à l'eguille, il dit, que cet ouurage mesmes ne lui sinifie que desespoir. *Des Grecs marris.* Homere au troisiéme de l'Iliade raconte, que Iris, entrant en la chambre d'Helene, la trouua faisant vn ouurage, auquel elle traſſoit vne partie des combats qui auoient desia esté donnés entre les Grecs & les Troiens.

Τὴν δ' εὗρ' ἐν μεγάρῳ, ἡ δὲ μέγαν ἱστὸν ὕφαινε
Δίπλακα μαρμαρέην, πολέας δ' ἐνέπαςςεν ἀέθλυς
Τρώων θ' ἱπποδάμων, ἢ Ἀχαιῶν χαλκοχιτώνων.

Deſſus ta Gaze.) Gaze est vne maniere de toile de laquelle les Damoiselles vsent à faire leurs ouurages.

Mon dieu que i'aime à baiser les beaus yeus
De ma maitreſſe, & à tordre en ma bouche
De ses cheueus l'or fin qui s'écarmouche
Si gaiement deſſus deus petis cieus.
  C'est, Amour, c'est, ce qui lui sied le mieus
Que ce bel œil, qui iusqu'au cœur me touche,
Et ce beau poil, qui d'vn Scythe farouche
Prendroit le cœur en ses nous gracieus,
  Ce beau poil d'or, & ce beau chef encore
De leurs beautés font vergoigner l'Aurore,
Quand plus crineuse elle embellit le ciel.
  Et dans cet œil ie ne sai quoi demeure,
Qui me peut faire à toute heure, à tout heure
Le sucre fiel, & riagas le miel.

MVRET.

Mon dieu que i'aime) L'argument est bien aisé. *D'vn Scythe.*) Les Scythes sont peuples Septentrionaus, bar-

bares au possible. *Vergoigner.*) auoir honte. *Crineuse* abondante en cheueus. Mot nouueau.

L'Arc, contre qui des plus braues gendarmes
Ne vaut l'armet, le plastron, ni l'escu,
D'un si dous trait mon courage a veincu,
Que sus le champ ie lui rendi les armes.

Comme apostat ie n'ai point fait d'alarmes,
Depuis que serf sous amour i'ai vescu,
Ni n'eusse peu, car, pris, ie n'ai onq eu
Pour tout secours, que l'aide de mes larmes.

Il est bien vrai qu'il me fache beaucoup
D'estre defait, mesme du premier coup,
Sans resister plus long tans à la guerre:

Mais ma defaite est digne de grand pris,
Puis que le roi, ains le dieu, qui m'a pris,
Combat le Ciel, les Enfers, & la Terre.

MVRET.

L'arc contre qui.) Il se pleint d'auoir si tôt esté veincu par Amour. En fin il se console, considerant, que par Amour il n'i a si grand, qui ne soit surmonté. *Comme apostat.* Apostats en Grec sont proprement apelés gensdarmes, qui laissent leur ranc, faussans la foi promise à leur capitaine. *Cōbat le ciel, les enfers, & la terre.* Au ciel il a veincu Iuppiter, aus enfers Pluton, en la terre les hommes.

Cet œil besson dont, goulu, ie me pais,
Qui fait rocher celui qui s'en aprouche,
Ore d'un ris, or d'un regard farouche
Nourrit mon cœur en querelle & en pais.

*Par vous, bel œil, en souffrant ie me tais,
Mais aussi tôt que la douleur me touche,
Toi belle, sainte, & angelique bouche,
De tes douceurs reuiure tu me fais.*

 *Bouche pourquoi me viens-tu secourir,
Quand ce bel œil me force de mourir?
Pourquoi veus-tu que vif ie redeuienne?*

 *Las! bouche las! ie reuis en langueur,
Pour plus de soin, afin que le soin vienne
Plus longuement se paitre de mon cœur.*

MVRET.

Cet œil besson.) Quand l'œil de sa dame est prest à le faire mourir, la bouche le fait reuiure, afin que son tourment soit perpetuel.

Depuis le iour que mal sain, ie soupire,
L'an dedans soi s'est roüé par set fois.
(Sous astre tel ie pris l'hain) toutefois
Plus qu'au premier ma fieure me martire.

 *Quand ie soulois en ma ieunesse lire
Du Florentin les lamentables vois,
Comme incredule, alors ie ne pouuois
En le moquant, me contenir de rire.*

 *Ie ne pensoi tant nouice i'étoi,
Qu'home eut senti ce que ie ne sentois,
Et par mon fait les autres ie iugeoie.*

 *Mais l'Archerot qui de moi se facha,
Pour me punir, vn tel soin me cacha
Dedans le cœur, qu'onque puis ie n'eus ioie.*

DE P. DE RONSARD. 241
MVRET.
Depuis le iour.) L'argument est facile. *L'an dedans soi s'est roüé par set fois.* C'est à dire, set ans sont passés. C'est vne allusion au carme que i'ai desia allegué.

Atque in se sua per vestigia voluitur annus.
Du Florentin. De Petrarque.

Mets en obli, Dieu des herbes puissant,
Le mauuais tour que non loin d'Hellespõte
Te fit m'amie, & vien d'vne main pronte
Garir son teint palement iaunissant.

Tourne en santé son beau cors perissant,
Ce te sera, Phebus, vne grand' honte,
Sans ton secours, si la ledeur surmonte
L'œil, qui te tint si long tans languissant.

En ma faueur si tu as pitié d'elle,
Ie chanterai come l'errante Dele
S'enracina sous ta vois, & comment

Python sentit ta premiere conqueste,
Et comme Dafne aus tresses de ta teste
Donna iadis le premier ornement.

MVRET.
Mets en obli.) Il prie Apollon de donner guerison à sa dame, qui étoit malade. *Dieu des herbes puissant.* Apollon, qui parle ainsi de soi en Ouide.

Adde, quòd herbarum est subiecta potentia nobis.

Le mauuais tour.) Lequel i'ai raconté sur le Sonet, qui se commence. *D'vn abusé. D'Hellesponte.* Bras de mer, passant assés prés de Frygie. *Ce te sera, Phebus, vne grand' honte.* Ainsi Properce.

Tam formosa tuum mortua crimen erit.

L'errante Dele.) L'Isle de Dele étoit errante & vagabonde par la mer, iusqu'à ce qu'Apollon i nâquit, lequel la rendit stable. Voi Vergile sur le commencement du III. de l'Eneide. *Python sentit.* Apollon, dés qu'il fut né, tua le serpent Python. Voi le premier des Metamorfoses. *Dafne*, Laquelle, comme i'ai dit deuãt, fut changée en laurier.

Bien que ton trait, Amour, soit rigoureus,
Et toi rempli de fraude, & de malice,
Assés, Amour, en te faisant seruice,
Plus qu'on ne croit, i'ai vescu bienheureus.
 Car cette la, qui me fait langoureus,
Non, mais qui veut, qu'en vain ie ne languisse,
Hier au soir me dit, que ie tondisse
De son poil d'or vn lien amoureus.
 I'eu tant d'honneur, que de son ciseau mesme
Ie le tranchai. Voiés l'amour extreme,
Voiés, Amans, la grandeur de mon bien.
 Iamais ne soit, qu'en mes vers ie n'honore
Ce dous ciseau, & ce beau poil encore,
Qui mon cœur presse en vn si beau lien.

MVRET.

Bien que ton trait.) Par ce Sonet, voit-on, que les amoureus font souuent grand cas de bien peu de chose.

SI hors du cep ou ie suis arreté,
Cep ou l'Amour de ses fleches m'encloüe,
I'echape franc, & du ret qui m'ennoüe,
Si quelquefois ie me voi déreté.
 Au cœur d'vn pré loin de gens écarté,
Que fourchument l'eau du Loir entrenoüe,

De gazons vers un temple ie te voüe,
Heureuse sainte & alme Liberté.
　Là, i'appandrai le soin, & les ennuis,
Les faus plaisirs, les mensonges des nuis,
Le vain espoir, les soupirs, & l'enuie :
　Là, tous les ans ie te pairai mes veus,
Et sous tes piés i'immolerai cent beufs,
Pour le bienfait d'auoir sauué ma vie.
MVRET.
Si hors du cep.) S'il peut échaper de la seruitude en laquelle il est, il voüe un temple, & des sacrifices a la deesse Liberté. *Du cep.* Du lien. *Desreté.* Delié. *Au cœur.* Au milieu. *Fourchument.* Tellement, qu'elle en fait comme une Ile. *Gazons.* Les Latins diroient, *uiuo de cespite. Cent beufs.* Tels sacrifices étoient ancienement apelés, Hecatombes.

Veu la douleur qui doucement me lime,
　Et qui me suit compaigne, pas à pas,
　Ie conoi bien qu'encor' ie ne suis pas
Pour trop aimer, à la fin de ma ryme.
　Dame, l'ardeur qui de chanter m'anime,
Et qui me rend en ce labeur moins las,
C'est que ie voi qu'agreable tu l'as,
Et que ie tien de tes pensers la cime.
　Ie suis vraiment heureus & plusqu'heureus,
De viure aimé, & de viure amoureus
De la beauté d'une Dame si belle :
　Qui lit mes vers, qui en fait iugement,
Et qui me donne à toute heure argument,
De soupirer heureusement pour elle.

MVRET.
veu la douleur.) Il est assés aisé.

I'Aloi roulant ces larmes de mes yeus,
Or plein de doute, ore plein d'esperance,
Lors que HENRI loin des bornes de France,
Vangeoit l'honneur de ses premiers aieus.

Lors qu'il trenchoit d'un bras victorieus
Au bord du Rhin l'Espagnole vaillance,
Ia se trassant de l'aigu de sa lance,
Vn beau sentier pour s'en aler aus cieus.

Vous saint tropeau, qui dessus Pinde errés,
Et qui de grace ouurés, & desserrés,
Vos doctes eaus à ceus qui les vont boire:

Si quelque fois vous m'aués abreuué,
Soit pour iamais ce soupir engraué,
Dans l'immortel du temple de Memoire.

MVRET.
I'aloi roulant.) Il décrit le tans, auquel ce liure fut composé, entremeslant vne loüange du treschrestien, & tresuictorieus Roi HENRI. A la fin il prie les Muses qu'elles lui facent ce bien d'immortaliser son liure. Vn semblable lieu est à la fin des Georgiqs de Vergile

    Hæc super aruorum cultu, pecorúmque canebam,
    Et super arboribus: Cæsar dum magnus ad altum
    Fulminat Euphraten bello, victórque volentes
    Per populos dat iura: viámque affectat Olympo.

Du Rhin. Fleuue separant la Gaule, de l'Alemaigne. *Vous saint tropeau.* Il parle aus Muses. *Pinde.* Montaigne de Thessalie sacrée aus Muses.

Fin.

SONET DE NI-
COLAS DENISOT CONTE
d'Alsinois sur la courône de Myr-
te de Ronsard.

Mignardement au champ Idalien,
De ses beaus dois Venus entortillonne
Ce mol chapeau, qu'oisiue elle façonne,
Puis de son Ceste elle en fait le lien.
 De iust rosat, voire Acidalien
Vient arroser cette sainte couronne:
Puis de Ronsard le chef elle enuironne,
Ne l'enuiant le prince Delien.
 Vela le pris (dit elle en le baisant)
Qu'as merité, comme le mieus disant,
Et comme seul, ou premier de nôtre age.
 Courage donq: à la posterité
Chante l'honneur de ma diuinité:
Venus encor' te garde dauantage.
q.i.

SONET SVR LES ERREVRS AMOVREVSES de Pontus de Tiard Máconnois.

De tes Erreurs l'erreur industrieuse,
Qui de la mort ne doute point l'assaut,
Errant de Thule au Bastre le plus chaut
Se fera voir des ans victorieuse.

Heureuse erreur, douce manie heureuse,
Ou la raison errante ne defaut,
Seule tu erre', en t'egarant si haut
Au droit chemin de l'erreur amoureuse.

L'astre besson qui ton cœur offensa,
De ses raions iusqu'au ciel t'élança,
Ou ton erreur des siennes fut ateinte,

Puis retombant par les spheres à bas,
Pour contr'errer tu fais errer mes pas
Apres l'erreur de ton erreur si sainte.

A MELIN DE SAINT GELAIS
ODE.

Touiours ne tempeste enragée,
Contre ses bords la mer Egée,
Et touiours l'orage cruel
Des vens, comme un foudre ne gronde
Elochant la voute du Monde
D'un soufflement continuel:

Touiours l'hiuer de neiges blanches,
Des Pins n'enfarine les branches:
Et du haut Appennin, touiours
La gréle le dos ne martelle,
Et touiours la glace eternelle
Des fleuues ne bride le cours:

Touiours ne durent orgueilleuses
Les Pyramides sourcilleuses,
Contre la faus du tans vainqueur:
Aussi ne doit l'ire felonne,
Qui de son fiel nous empoisonne,
Durer touiours dedans un cœur.

Rien sous le ciel ferme ne dure:
Telles lois la sage Nature
Arresta dans ce monde, alors
Que Pyrrhe épandoit sus la terre
Nos aieus conceus d'une pierre

q.ij.

S'amoliſſante en nouueaus cors.

Maintenant vne triſte pluie
D'vn ær larmoiant nous ennuie,
Maintenant les Aſtres iumeaus
D'émail enfleuriſſent les pleines,
Maintenant l'Eſté boit les veines
D'Ide gaʒouillante en ruiſſeaus.

Nous auſſi, Melin, qui ne ſommes
Immortels, mais fragiles hommes,
Suiuant cet ordre, il ne faut pas
Que nôtre ire ſoit immortelle,
Balançant ſagement contre elle
La raiſon pour iuſte compas.

N'as-tu point leu dedans Homere,
Lors que plus l'ardante colere
Achille enfloit contre ſon Roi,
Que Pallas la ſage guerriere
Lui happant les cheueus derriere
Tout grommelant l'arreſta coi?

Ia ſa dague il auoit tirée,
Pour tuer l'heritier d'Atrée:
Tant le courrous l'aiguillonnoit,
Sans elle, qui dans ſon nauire
L'enuoia digerer ſon ire
Dont tout le fiel lui bouillonnoit.

Combien de fois ce Peleïde
Refusa les presens d'Atride
Pour appointer, combien encor
De Prisonnieres Lesbiennes,
Et de citès Myceniennes
Et combien de cheuaus, & d'or ?

Tandis Hector armoit la rage
L'horreur, & le Troien orage
Contre les Grecs, & d'vne part
D'vn grand caillou froissa la porte,
Et de l'autre, du feu qu'il porte
Darda le foudre en leur rampart.

De quelque costé qu'il se tourne,
Bellone autour de lui seiourne
Faisant cou'er Xanthe tout rous
Du sang des Grecs, qui par la plaine
Enduroient, innocens, la peine
De ce dommageable courrous.

O monde heureus, si Promethée
D'argile en ses doits retatée
Le cœur ne nous auoit formé !
Le trampant dans l'eau Stygienne,
Et dans la rage Lybienne
D'vn cruel lion affamé.

Certenement la vierge Astrée

q.iij.

N'eut point quitté nôtre contrée,
Et les foudres tombés du ciel
N'eussent accablé les montaignes :
Toujours fussent par les campaignes
Glissés les dous ruisseaus de miel.

Le cheual au milieu des guerres
N'eut point ronflé, ni les tonnerres
Des canons n'eussent point tonné,
Ni sus les bornes des prouinces
Le choc armé de deus grans princes
N'eut point le pasteur étonné.

On n'eut point emmuré les viles
Pour crainte de guerres ciuiles,
Ni des étranges legions,
Ni le coutre de Pharsalie
N'eut hurté tant d'os d'Italie,
Ni tant de vuides mourrions.

L'Ire cause que les batailles
Iusqu'au fond razent les murailles
De maint palais audacieus,
Et que les buissons & les herbes
S'egaient sur les tours superbes
Qui souloient voisiner les cieus.

L'Ire cause des Tragedies
Les vois chetiuement hardies

Des rois tramblans sous le danger:
Et que les execrables meres
Presentent les fis à leurs peres
sur la table pour les manger.

L'Ire qui trouble le courage,
Ne differe point de la rage
Des vieus Curetes forcenés,
Ni des Châtrés de Dindimene,
Quand en hurlant elle les meine
Au son du Buis époinçonnés.

L'Ire qui les hommes manie
Changeant la raison en manie
Rien qu'un remors ne fait sentir,
Et pour tout fruit ne nous apporte,
Apres que son ardeur est morte,
Sinon un triste repentir.

Las! ce monstre, ce monstre d'Ire
Contre toi me força d'écrire,
Et m'élança tout irrité,
Quand d'un vers enfielé d'Iambes
Ie vomissoi les aigres flambes
De mon courage dépité.

Pource, qu'à tort on me fit croire
Qu'en fraudant le pris de ma gloire
Tu auois mal parlé de moi,

q.iiij.

*Et que d'vne longue risée
Mon œuure par toi méprisée,
Ne seruit que de farce au Roi.*

*Mais ore, Melin, que tu nies
En tant d'honnestes compaignies
N'auoir médit de mon labeur,
Et que ta bouche le confesse
Deuant moi mesme, ie delaisse
Ce dépit qui m'ardoit le cœur.*

*Chatouillé vraiment d'vn grand aise
De voir morte du tout la braise
Qui me consumoit, & de voir
Creuer ceus, qui par vne enuie
Troublant le repos de ma vie,
Souloient ma simplesse émouuoir.*

*Dressant à nostre amitié neuue
Vn autel, i'atteste le fleuue
Qui des pariures n'a pitié,
Que ni l'oubli ni le tans mesme
Ni faus rapport, ni la mort blesme
Ne dénoüront nôtre amitié.*

*Car d'vne amour dissimulée
Ma foi ne sera point voilée,
(De faus visages artisan)
Croiant seurement que tu n'vses*

Vers tes amis, des doubles ruses
Dont se deguise un courtizan.

Ne pense donc que le tans brise
L'accord de nôtre foi promise,
Bien qu'un courrous l'aie parfaict,
Souuent vne mauuaise cause
Contraire à sa nature, cause
Secrettement un bon effect.

Les lis naissent d'herbes puantes,
Les roses d'epineuses plantes,
Et neaumoins la France peint
De l'vn ses armes, & encore
De l'autre, la vermeille Aurore
Emprunte le fard de son teint.

Bien que l'vn des fis d'Iöcaste,
La nuit sous le portail d'Adraste,
Et Tydée, enflés de courrous,
D'vne main horriblement dure,
Pour vn petit de couuerture
Se fussent martelés de cous :

Toutesfois apres ces alarmes
Amis iurés prindrent les armes,
Et l'vn pour l'autre s'emploia,
Quant deuant Thebes, le Prophete
Vif englouti dans sa charette
Tout armé Pluton effroia.

LES ILES FORTVNEES.
A Marc Antoine de Muret.

Puis qu'Enyon d'vne effroiable trope
Piés contremont bouleuerſe l'Europe,
La pauure Europe, & que l'horrible Mars
Le ſang Chretien repand de toutes pars :
Or' mutinant contre ſoi l'Alemagne,
Or' oppoſant à la France l'Eſpagne,
Ioieus de meurtre, or' le ſoudart François
A l'Italie, or' l'Ecoſſe a l'Anglois :
Peuple chetif, qui ſes forces haſarde
Contre ſoi-meſme, & qui, ſot, ne prent garde,
Que ce grand Turc, helas, ne faudra pas
Bien tôt aprés de talonner ſes pas,
Le ſeparant, comme vne ourſe cruelle
De cent chameaus ſepare la querelle :

Et, qui pis eſt, puis que les bons eſpris
Montrés au doi, ſans faueur & ſans pris
(Quelque preſent que les Muſes leur donnent)
Comme coquins de pauureté friſſonnent :
Puis que l'honneur, & puis que l'amitié,
Puis que la honte, & puis que la pitié,
Puis que le bien forcé de la malice,
Puis que la foi, & puis que la iuſtice
Ont dedaigné ce monde vicieus :

Puis que lon voit tant de foudres aus cieus
En tans ſerain, puis que tant de cometes,

Puis que lon voit tant d'horribles planetes
Nous menacer: puis qu'au milieu de l'ær
On voit si dru tant de flames voler,
Puis trebucher de glissades roulantes:
Puis que lon oit tant d'Hecates hurlantes,
Toutes les nuis, remplir de lons abois
Les carrefours: & tant d'errantes vois
En cris aigus se pleindre es Cimeteres:
Puis que lon voit tant d'espris soliteres
Nous effroier, & qu'on oit tant d'oiseaus
Diuinement reiargonner les maus,
Que doit soufrir nôtre Europe mutine
Par l'Etranger, qui desia la mâtine:
　Parton, Muret, alon chercher ailleurs
Vn ciel meilleur, & d'autres chams meilleurs:
Laisson, Muret, aus Tygres effroiables,
Et aus lions ces terres miserables:
Fuion, fuion, quelque part ou les piés,
Ou les bateaus dextrement deliés
Nous conduiront. Mais auant que de mettre
La voile au vent, il te faudra promettre
De ne vouloir en France reuenir,
Iusques a tant qu'on voie deuenir
Le More blanc, & le François encore
Se basanant, prendre le teint d'vn More:
Tant que lon voie en vn mesme troupeau
Errer amis le lion, & l'aigneau.
　Donc si ton cœur tressaute d'vne enuie
De bienheurer le reste de ta vie,

Croi mon conseil, & laisse demeurant
En tant de maus le vulgaire ignorant:
Ou si tu as quelque raison meilleure
Que n'est la mienne, à cette heure, à cette heure
Di la, Muret: sinon, marche danant,
Et mets premier les antennes au vent,

    Que songes tu? Mon dieu, que de paresse
Te tient musard? Regarde, quelle presse
Dessus le bort, ioieuse, nous attand,
Pour la conduire, & ses bras nous étend,
Et deuers nous toute courbe s'incline,
Et de la teste, en criant, nous fait sine
De la passer dedans nôtre bateau?

    Ie voi Baif, Denisot, Tahureau,
Mesme, Du Parc, Bellai, Dorat, & celle
Troupe de gens que deuance Iodelle
Ici Maclou la Castaigne conduit,
Et là i'auise un grand peuple qui suit
Nôtre Paschal, & parmi la campaigne
Vn escadron qui Maumont acompaigne.
Voici Beleau, voici d'vne autre part
Ton Fremiot, des Autels, & Tiard:
Ici la Fare, ici Colet arriue,
Et là Gruget s'égaie sus la riue
Auec Nauiere, & Peruse, & Tagaut
Ia ia montés, ia ia tirent en haut
L'ancre mordante, & plantés sur la poupe,
D'vn cri naual encouragent la troupe
D'abandonner le terroi paternel,

Pour viure ailleurs en repos eternel.
 Cà, que i'embrasse vne si chere bande:
Or sus amis, puis que le vent commande
De demarer, sus, d'vn bras vigoureus
Ramon la nef dans les chams bienheureus,
Au port heureus des Iles bienheurées,
Que l'Ocean de ses eaus asseurées,
Loin de l'Europe, & loin de ses combas,
Pour nous, pour nous emmure de ses bras.
 Là, nous viurons sans trauail, & sans peine,
Là, là, touiours, touiours la terre est pleine
De tout bonheur, & là touiours les cieus
Se montreront fidelles à nos yeus:
Là, sans naurer, comme ici, nôtre aieule
Du soc aigu, prodigue, toute seule
Fait herisser en ioieuses forets
Parmi les chams, les presens de Cerés.
Là, sans tailler la nourrissiere plante
Du bon Denys, d'vne grimpeure lente
S'entortillant, fait noircir ses raisins
De son bon gré, sur les ormes voisins.
Là, sans mentir, les arbres se iaunissent
D'autant de fruits que leurs boutons fleurissent:
Et sans faillir par la bonté du ciel,
Des chesnes creus se distile le miel.
Par les ruisseaus touiours le lait ondoie,
Et sur les bors touiours l'herbe verdoie,
Sans qu'on la fauche, & touiours di aprés
De mile fleurs se peinturent les prés

Francs de la Bise:& des roches hautaines
Touiours aual gazouillent les fontaines.
 Là,comme ici,l'auarice n'a pas
Borné les chams,ni d'vn effort de bras,
Auec grand bruit,les Pins on ne renuerse,
Pour aler voir d'vne longue trauerse
Quelqu'autre monde:ains iamais decouuers
On ne les voit de leurs ombrages vers,
Par trop de chaut,ou par trop de froidure.
 Iamais le loup pour quester sa pasture,
Hurlant au soir,ne vient efaroucher
Le seur bestail,à l'heure du coucher:
Ains sans pasteur,& sans qu'on lui commande,
Bélant aigu,de son bon gré demande
Que lon l'ameille,& de lui mesme tend
Son pis enflé,qui doublement s'étend.
 Là,des dragons les races ecaillées
Dormans aus bors des riues emaillées,
Ne font horreur à cellui qui seulet
Va par les prés s'ourdir vn chapelet:
Ni là,du ciel les menaces cruelles,
La rouge pluie,& les sanglantes grelles,
Le tremblement,ni les foudres grondans,
Ni la comete aus lons cheueus pendans,
Ni les eclairs des ensoufrés tonnerres
Au peuple oisif ne predisent les guerres,
Libre de peur de tomber sous la main
D'vn Senat rude,ou d'vu Prince inhumain.
 Le vent poussé dedans les conques tortes

Ne bruit point là,ni les fieres cohortes
Des gens armés,horriblement ne font
Leurs mourrions craquer deſſus le front.
 La pâle fieure,& la triſte famine,
Le mal de Naple',& la langueur qui mine
Le cœur malade,& le ſouci qui point
Les plus grans Rois,ne s'i heberge point.
Là,les enfans n'enterrent point leurs peres,
Et là,les ſœurs ne lamentent leurs freres:
Et l'épouſé ne s'adolore pas
De voir mourir ſa femme entre ſes bras:
Et la maratre iniuſtement cruelle
A ſon beau fis l'aconite ne melle,
Mortel bruuage,ou l'accuſant a tort,
Comme vne Fedre,eſt cauſe de ſa mort:
Car leurs beaus ans entrecaſſés n'arriuent
A la vieilleſſe,ains d'age en age viuent,
Par la bonté de la terre,& des cieus,
Sains & diſpos,comme viuent les Dieus.
Là,de Biblis la voulonté mechante,
Contre nature,infamement n'enchante
Quelque amoureuſe,& là,pour trop aimer,
Come Leandre,on ne paſſe la mer:
Là,ne ſera,come en France,depite
Encontre toi ta belle Marguerite,
Ains d'elle même à ton col ſe pendra:
Auec Baïf ſa Meline viendra,
Sans qu'il l'apelle,& ma fiere Caſſandre
Entre mes bras,douce,ſe viendra rendre.

Là, si quelqu'un d'un desir curieus
Veut estre poete, ou rechercheur des cieus,
Ou bien-disant, sans globe, ni sans sphere,
Sans inuoquer les muses, ni leur frere,
Ni sans auoir Ciceron dans la main,
Il sera fait bon poete tout soudain,
Et filosofe, & comme un Demosthene
De miel Attic aura sa langue plene.
Le faus temoin, ni l'Auocat menteur,
Ni des procés le sutil inuenteur,
Ni la Iustice auec l'or deprauée,
Ni la Loi triste en airain engrauée,
Ni les Senas, ni les peuples mechans,
N'ont point troublé le repos de ces chams.
Là, n'aborda l'impudique Medée
Suiuant Iason, ni là n'est abordée
La nef de Cadme, & là d'Vlysse accort
L'errant troupeau n'aborda dans le port.
Ni là, Postel de sa vaine science,
N'a point troublé la simple conscience
Du populace: ains sans manquer de foi,
D'un seul IESVS reconnoissent la Loi.
 Là, Venerable en vne robe blanche,
Et couronné la teste d'vne branche
Ou de Laurier, ou d'Oliuier retors,
Guidant nos pas, meintenant sur les bors
Du flot salé, meintenant aus valées,
Et meintenant pres des eaus reculées,
Ou sous le frais d'vn vieus chéne branchu,

Ou sous labri de quelque antre fourchu
Diuin Muret, tu nous liras Catulle,
Ouide, Galle, & Properce, & Tibulle,
Ou tu ioindras au Sistre Teien
Le vers mignard du harpeur Lesbien.
Ou fueilletant vn Homere plus braue,
Tu nous liras d'une maiesté graue,
Comme Venus couurit d'une espesseur
la demy-mort le Troien rauisseur,
Quand Menelas, le plus petit Atride,
En lieu du chef, eut la salade vuide :
Puis comme Hector dessous vn faus harnois
Tua Patrocle, & comme les Gregeois
Demi-brulés de la Troienne flame,
Prioient Achil depit pour vne femme,
Puis comme lui nouuellement armé
D'un fer diuin, contre Hector animé
Le fit bruncher sur sa natiue poudre,
Comme vn Pin tumbe acablé de la foudre.
A ces chansons les chesnes oreillés,
Abaisseront leurs chefs emerueillés,
Et Philomelle en quelque arbre esgarée
N'aura souci du peché de Terée,
Et par les prés les etonnés ruisseaus
Pour t'imiter acoiseront leurs eaus.
Pan le cornu, dous effroi des Driades,
Et les Siluains, autre effroi des Naiades,
Sauront par cœur les accens de ta vois
Pour les aprendre, aus rochers & aus bois.
                                    r.i.

Voire ſi bien qu'on n'oira qu'un Zephire
Parmi les fleurs tes louanges redire,
La tous huillés,les vns ſur les ſablons
Luiteront nus,les autres aus balons
Parmi les pres d'une partie eſgale
Iouront enſemble,ou courront a la bale,
L'vn doucement a l'autre eſcrimera,
Outre la merque vne autre ſautera,
Ou d'une main bruſquement balancée
Rura la pierre,ou la barre elancée.
L'un de ſon dart plus que le vent ſoudain
Decruchera le cheureil ou le dain.
Les vns montés ſur les cheuaus d'Eſpaigne,
De tourbillons poudroiant la campagne
Courront le lieure, & les autres es bois
Le cerf preſſé de filletz & d'abois.
Les vns plus gais deſſus les herbes molles
Vireuoltant à l'entour des Caroles
Suiuront ta note,& danſant au meilleu
Tu paroiſtras des epaules vn dieu
Les ſurpaſſant:mais les autres plus ſages
Dãs quelques plenc,ou deſſus les riuages
Le long d'vn port,des villes fonderont,
Et de leur nom ces villes nommeront.
Telles Muret,telles mannes diuines,
Loing des combas,loing des guerres mutines,
Loing de ſoucis,de ſoing & de remors,
Toi toi Muret apellent à leurs bors,
Aus bors heureus des iſles plantureuſes,

Aus bors diuins des ifles bienheureufes,
Que Iuppiter referua pour les fiens,
Lors qu'il changea des fiecles anciens
L'or en argent, & l'argent en la roüille
D'vn fer meurtrier qui de fang d'hommes foüille
La pauure Europe, Europe que les dieus
Ne daignent plus regarder de leurs yeus,
Et que ie fui de bon cœur, fous ta guide,
Lachant premier aus nauires la bride,
Et de bon cœur a qui ie dis a dieu
Pour viure heureus en l'heur d'vn fi beau lieu.

FIN.

Ode fur les miferes des hommes, a Ambroife de la porte Parifien.

Mon dieu que malheureus nous fommes,
Mon dieu que de maus en vn tans
Offencent la race des hommes
Semblable aus fueilles du printans,
Qui vertes, dedans larbre croiffent,
Puis deffous, l'Autonne fuiuant,
Seiches, fous larbre n'aparoiffent
Qu'vn iouet remoqué du vent.

Vraiment l'efperance eft mechante,
Touiours mechante elle deçoit,
Et touiours pipant, elle enchante
Le pauure fot qui la reçoit.
Mais le fage qui ne fe fie

r.ij.

Qu'en la plus seure verité,
Scait, que l'espoir de nôtre vie
N'est rien que pure vanité.

 Tandis que la crespe iouuance
La fleur des beaus ans nous produit,
Iamais le ieune enfant ne pence
A la vieillesse qui le suit :
Ne iamais l'homme heureus n'espere
De se veoir tumber en mechef,
Sinon alors que la misere
Ia ia lui pend dessus le chef.

 Homme chetif & miserable,
Miserable, & ne scai tu pas
Que la ieunesse est peu durable,
Et que la mort guide nos pas ?
Et que nôtre fangeuse mace
Si tost s'euanouit en rien,
Qu'a grand' peine auons nous l'espace
D'aprendre le mal & le bien ?

 De tous côtés la parque noire
Deuant le tans sillant nos yeus,
Maugré nous, nous enuoie boire
Les flos du lac obliuieus :
Mesmes les Rois si crains en guerre
Depouillés de veines & d'os,
Comme nous viendront sous la terre
Deuant le trone de Minos.

 C'est pitié que de nôtre vie :
Par les eaus L'auare marchant
Se voit sa chere ame rauie,

Le soudart par le fer trenchant:
Cetui d'une langueur se mine,
Et l'autre d'un soin nompareil,
Et cetui la par la famine
Pert la lumiere du soleil.

Bref, on ne voit chose qui viue,
Qui viue franche de douleur,
Mais sur tout, la race chetiue
Des hommes foisonne en malheur.
Malheur des hommes est la proie,
Aussi Phebus ne vouloit pas
Pour eus a bon droit deuant Troie
Se mettre au danger des combas.

Ah, que maudite soit l'Anesse
Qui, las! pour sa soif etancher
Au serpent donna la ieunesse
Que garder on deuoit tant cher.
Ieunesse, que le populaire
De Iuppiter auoit receu
Pour loier de n'auoir sceu taire
Le secret larrecin du feu.

Des ce iour la fut enledie
Par lui la santé des humains,
De vieillesse & de maladie,
Des hommes bourreaus inhumains:
Et des ce iour il fit entendre
Le bruit de son foudre nouueau,
Et depuis n'a cessé d'ependre
Les dons de son mauuais tonneau.

r.iij.

Ode a Caſſandre.

Mignonne, allon voir ſi la roſe
Qui ce matin auoit decloſe
　Sa robe de pourpre,au ſoleil,
A point perdu cette veſprée,
Les plis de ſa robe pourpreé,
Et ſon teint au voſtre pareil.

　Las,voies comme en peu d'eſpace,
Mignonne,elle a deſſus la place
Las,las,ſes beautés laiſſé cheoir!
O vraiment maratre Nature,
Puis qu'une telle fleur ne dure
Que du matin iuſques au ſoir.

　Donc,ſi vous me croies, mignõne:
Tandis que vôtre age fleuronne
En ſa plus verte nouueauté:
Cueillés,cueillés vôtre ieuneſſe,
Comme a cette fleur,la vieilleſſe
Fera ternir vôtre beauté.

Annotations ſur les 4 Odes precedentes.

Sur l'ode a M. de S. G.

Sourcilleuſes.)Eleuées en haut.　*Pirrhe.*)femme de Deucalion, leſquels par le get de leurs pierres restaurerent la premiere race des hommes. Voi le premier de la metamorfose. *Ide gazoullante en ruisseaus.*) Ide est vne montaigne pres de Troie fort abondante en eaus, & à raison de ce, elle est apellée d'Homere ϖπολυπίδαξ. *Promethée.*) qui premierement faignit les images des dieus & des hommes d'argille ou terre de potier, retatée & remollie par plusieurs fois entre ses dois. *Pallas la sage guerriere.*) Ici Pallas ce prẽd pour la raison. *L'heritier d'Atrée*) Agamemnon roi de Mycenes. *Xanthe*, fleuue qui passe par la plene de Troie, autremẽt nommé Scamendre. *Pharsalie*, est vne plene ainsi nommée en Thesalie, ou Iules Cesar defit Pṍpée. *Curetes*) Muret en a parlé deuãt, aus annotations des amours. *Artisan de faus visages.*) Vestant maintenant vn visage, maintenant l'autre, pour plus facilement deceuoir quelque pauure sot. *Le fils d'Iocaste.*) Polynice. *Tidée Adraste.*) Voi le premier liure de la Thebaide de Stace. *Le prophete*) Amphiaras, qui tout vif, & tout armé dans son char descendit aus enfers. Voi le commencement du huitième liure de Stace.

Sur les Isles Fortunées.

Enyon) La déesse furieuse de la guerre. *Demarer.*) Departir hors du port, mot de marine. *Fideles a nos yeus.*) Cõstans & fermes sans se châger. *Nostre ayeule*) La terre. *Les presens de Ceres*) Les blés. *La rouge pluie.* Les pluies sanglantes sont signes de quelque meschef aduenir. *Phedre.*) Fut secõde femme de Thesée laquelle accusa a tort son fillastre Ippolite, enuers sõ pere, de lui auoir voulu forcer sõ hõneur: a la fin Ippolite fuiãt l'ire de son pere Thesée: deschiré par ses cheuaus mesmes mourut sur le bort de la mer. Voi Oppian au liure qu'il a fait des poissons. *Biblis*) Fille de Menãdre, fut tellement amoureuse de son frere Caunus, que laissant

r.iiij.

toute vergongne réquife, & a vne feur, & a vne pucelle, ofa bien folliciter fon frere Caunus de fon defhonneur, lequel la refufant, de depit elle quitta le païs & s'enfuit en Phrygie, ou elle fut muée en fontaine, qui porte encores auiourdhui fon nõ. Voi le neufuiefme liure de la methamorfofe d'Ouide. *Leandre*)Pour iouir de f'amie Eron, paffoit toutes les nuits le deftroit d'Ellefpôte nommé auiourdhui le bras faint George. & aduint comme il paffoit l'yuer par la, preffé des vens & de la tempefte il fut noié. Voi ce qu'en a écript Mufée.

Sur l'Ode d'Ambroife de la porte.

La race des hommes.)Les hômes reffemblent aus fueilles des arbres. Voi Homere au fifiefme de L'iliade & au vint & vniême. *Iouuence*. Ieuneffe, viel mot francois. *L'aneffe*. Voi la fable dãs les Theriaques de Nicãdre, de L'aneffe qui portoit la deeffe Ieuneffe fur fon dos, & comme a la fin elle la dôna a vn ferpent nóme διψάς, pour lui enfeigner quelque ruiffeau pour boire. *Le mauuais tonneau*. Voi le dernier liure de L'iliade d'Homere, & Pindare en fes Pythies.

Sur la iiij. Ode.

Les plis de fa robe pourprée.) Ses fueilles vermeilles repliées l'une pres de l'autre, comme les plis d'vn beau veftement.

FIN.

Enfuit la table des motz plus dignes a noter es Commentaires.

TABLE.

Aulide fueil.	5	Arondir	63
Archerot	5	Ame se mouuant en rond	64
Amour coule par les yeus	5	Amour entre par les yeus	67
Amoureaus	7	Arc en ciel	77
Acroceraunes	9	Aristote calumnié par les ignorans	82
Ambrosie	11	Androgines	85
Antie	16	Appendre	88
Aiax	19	A preuue	90
A I	19.219	Amadoüer	92
Acrisie	24	Achille	94.96
Aiser	24	Antenor	95
Auiander	26	Antigone	95
Aimant	26	Alme	97
Augure	26	Adonis	105
Ame du monde	31	Aiax fils d'Oilee	114
Auous pour aues vous	36	Abri	116
Apollin	38.94	Acort	119
Aurore	39	Adon	121
Atomes	43	Alcine	141
Animer	45	Auantchien	142
Apelle peintre	49	Archer	143
Ambrosie	54	Arpin	144
Asie	56	Amathonte	148
Aluine	60	Argus	153
Amour premier sorti du Chaos	63	Astre ascendant	156
		Angelette	161

TABLE.

Ate	168	Bluetes	143
Alcide	184	Blois	154
Amarente	186	Brosser	162
Ascrean	194	Berenice	209
Ariadne	196	Bohemiens	223
Auantpenser	208	Biblis	267
An	211	**C**	
Alambique	211	Cassandre	4.23
Aglaure	211	Corebe	5
Archiloch	212	Cupidoneaus	7
Adonis	219	Ceraunes	9
Auorter	221	Caucase	12
Actif	228	Chimere	16
Apostat	239	Cassandre fille a Ioba-	
Artisan de faus		te	16
sages	267	Calais	17
B		Cleopatre femme de	
Bellerophon	15	Phinée	17
Boree vent	17	Cheual noir de la rai-	
Bal des astres	31	son	25
Beant	33	Ceres	39
Bienueigner	48	Clion	39
Boire l'amour par les		Cassandre aimée d'A-	
yeus	67	pollon	40
Bendeau de la nuict	72	Citherée	49
Bois amoureus	81	Ciprienne	49
Baster	100	Centaures	54
Braie	142	Charites	59
Blüeter	143	Castor & pollux	60

TABLE.

Chaos	63	Dolopes	4
Cercle principes de merueilles.	65	Diamantin	6
		Dinon	9
Caréne	68	Desastre	23
Calmement	68	Danés	24
Croiser les bras	71	Desoiuer	26
Cypres	76	Demons	36. & 69
Ciceron mal versé en philosophie	82	Dione	38
		Die	53
Charon	83	Deionée	53
Circe	88	Discours philosophicques commencés par Muret.	64
Cinabre	90		
Courtisane	92		
Com, pour comme	121	Desnerue	65
Canicula	142	Desueine	65
Cancre	143	Dea	67
Cypre	148	Dont	71
Cyclopes	166	Driades	74
Cesiside	186	Delphi	84
Castalie	193	Duliche	89
Centaures	208	Douteus	105
Conon	209	Driller	107
Coribante	214	Dele	209.241
Curetes	215	Daphné	218
Chaßenue	229	Deflamer	218
Crineus	239	Destins	218
Cep	243	Desreter	243
D		Demarer	267

E

Esclaue	2
Empierrer	8
Ennyon	9
Euryale	9
Ebaucher	9
Eclairs heureus ou malheureus	23
Europe	24
Ebene	27
Esclauer	30 & 59
Epimetee	38
Empedocle	43
Epicure	43
Escumiere	49
Enamerer	60
Escorte	68 & 150
Epigramme	76
Entelechie	81
Euriloch	89
Ergots	116
Esperance	125
Esperance demeurant au vaisseau de Pādore.	125
Enfieler	126
Endore	128
Emperle	128
Enfrange	128
Empouper	141
Eryce	148
Euripe	152
Emmanne	155
Endymion	180
Erymanthe	183
Epamer	185
Egee	198
Euristee	199
Enuie	212
Esculape	218
Eclipser	220
Essorer	231
Enuoler	234
Enyon	267

F

Fleurir	23
Fossetes en riant	59
Fare	71
Franciade	84
Francion fils d'Hector	84
Fere	107
Fielleus	185
Feconder	199
Ferme	224
Fourchument	243
Fils D'Iocaste	267

TABLE. 273

G
Gorgones 8
Glauque Roi d'Ephyre 15
Globe de l'ame 64
Gemmes 74
Gazoüillis 74
Girés 114
Ghirlande 120
Graces 128
Gastine 142
Garonne 144
Gnide 148
Greigneur 152
Gaze 238
Gazons 243

H
Harpies 17
Hesione deliuree par Hercule 29
Haure 68
Horison 72
Helenin 94
Helenium 122
Hesiode 194
Hercule 200
Herculin 227

I
Iobate 16
Ile fleurie 19
Idée 32.90
Impatient 34
Iasion 39
Ilion 43.95
Ixion 53
Inon 68
Ioachin du bellai 70
Iunon 78
Iberes 90
Isigenie 96
Iö 100
Ian Ant.de baïf 101
Inula 122
Iumens concoiuent du vent zephir 140
Iuppin 166
Ifs 183
Itis.Ityle. 189
Idalie.Idalien 190
Iämbe 212
Ianet 235
Ide 267
Iouuence 268

L
Labyrint 21.196
Laomedon 28
Leucothée 68
Lois pour carmes 71

L'eau principe de tou- / tes choses 72
Laurier 113
Lycofron 113
Lier 116
Le cors est vn tombeau / de l'ame 117
Loir 142
Liban 143
Loire 154
Latme 180
Lote 195
Lotofages 195
Lycambe 212
Léde 213
L'heritier d'Atrée 267
Le prophete Amphya- / ras 267
Leandre 267

M

Mirmidons 4
Meduse 8
Memphede 9
Metamorfoses 10
Moitié en amours 20
Minerue 39
Marier 45
Manquer 47
Meslié 50

Melicerte 68
Mausolée 78
Myrte 84
Moly 89
Machelaurier 113
Marguerite 115
Mielleusement 123
Moissonne 140
Michel Pierre de Mau- / leon 144
Montaigner 160
Montgibel 181
Metier 193
Mousse 198
Manes 205
Menades 214
Meleagre 218
Manie 228
Mugler 229

N

Nectar 11
Neueus 23
Narcisse 24
Nicolas denisot 14.153
Neptune 72
Naiades 74
Nombril 85
Neufaune 142
Nepenthe 150

TABLE.

Nostre ayeule	267	Pegase	15.16
O		Prete	16
Oeillader	8	Phinée	17
Outil des seurs	9	Pantoiment	32
Oeil noir	31	Porter en l'œil	34
Oeil vert	31	Pandore	37
Oeil grand	31	Pithon deesse	39
Orin	44	Plutus fils de Ceres	39
Oebalie	61	Pallas	39
Oreades	74	Pelops fils de Tantale	54
Omphalion	85	Parannifer	60
Orfée	86	Parques	69
Oeagre	86	Plages	80
Orfée tué par les femmes de Trace	87	plaier	84
		paphos	84
Opinio de quelques Anciens sur la veüe	103	paphien	84
		pindare	87
Oufre pour ofre	110	paris	94
Oeuure de l'abeille	160	polyxene	94
Oete	200	Pontus Thyart	101
Orus apollon	211	plomber	113
Orithye	229	Poetes feints & volages	115
P		Pierre Paschal	144
Philoctete	4	Petrarquiser	146
Penelee	5	Pactole	148
Prodiguer	6	Parangonner	151
Phorque	8	Presagieus	156
Promethee	12	Pyralide	156
Promethée deliuré par Hercule	13		

TABLE.

Pelion	159	Rouge pluie	267
Planer	160	Race des hommes	268
Prieres filles de Iuppiter 168		**S**	
		Sagettes d'Hercule	5
Paladins	169	Sthenon	9
Pandion	188	Sereines	19
Progne	188	Serre	20
Philomele	188	Seeller	23
Ptolomee	209	Songes sont messagers diuins	35
Printaner	232		
Python	242	Scamandre	43
Pinde	244	Saturne chastra son pere	48
Pharsalie	267		
Presens de Ceres	267	Sisyphe	55
Phedre	267	Saper	72
Q		Syluains	74. 169
Quinte-essence	211	Styx	98
R		Saingelais	101
Rhee	37	Siller	103
Rousoiant	80	Sibylles	113
Ramper	81	Sang des dieux	122
Roger	89. 141	Surgir	141
Rousoiant	151	Singler	141
Ralenter	166	Sabut	142
Rhodope	183	Salmacis	155
Riagas	185	Sorgue	202
Riuaus	206	Sort homerique	223
Ragusins	218	Sympathie	224
Rhin	244	Souci	226

TABLE.

Scythes	238	Thyonée	214
Sourcilleuses	267	Tan	215
T		Tyr	233
Toffu	10	Tidée	267
Thetis	39	**V**	
Tetins verdelets	47	Veuf d'espoir	25
Tondre la fleur	52	Venus riante	38
Tantale	54	Venus	48
Titye	55	Venus saillāt de la mer 49	
Trofee	66	Vlisse	68. 89
Thales milesien	72	Vanoïer	92
Tibulle	81	Vuide	98
Thusques	88	Vague	98
Thymbreen	94	Venus dorée	121
Tane	100	Vulcan	166
Tapir	113	Vergogner	239
Tyros	120	**X**	
Trait	127	Xante	43
Telefe	157	**Z**	
Terée	188	Zethes	17
Tançons	189	Zephirs	74
Thalie	193	Zephyre	140
Thesée	196	Zodiaque	221
Tisiphone	212		
Thyades	214		

Ensuyt la table des Sonetz.

ſ.i.

A

Elés demons 35
Aiant par mort 190
Amour me tue 56
Amour & mars 206
Amour, si plus 117
Amour archer 119
Amour, Amour 11
Ange diuin, 35
Apres ton cours 114
A toi chaque an 147
A ton frere Paris 93
Auāt qu'Amour 62
Auant le tans 22
Auec les fleurs, 231
Auec le lis 50
Aueques moi 106
Au cœur d'vn val 207
Au plus profond 219

B

Bien mile fois 32
Bien que les chams 215
Bien que ton trait 242
Bien que sis ans 127
Bien qu'a grand tort 7
Braue Aquilon 228

Ce beau coral 26
Ce fol penser 200
Celle qui est 121
Celui qui fit le monde 225
Cent & cent fois 25
Cent fois le iour 61
Ce ne sont qu'hains 151
Ce petit Chien 139
Ce ris plus dous 159
Ces deus yeus bruns 29
Ces liens d'or 6
Ces flots iuumeaus 216
Cet œil besson 239
Ciel, ær, & vens, 79
Comme le chault 183
Comme on souloit 227
Cōme vn Cheureil 73
Contre le ciel 191
Contre mon gré 46

D

Dame depuis 58
D'amour ministre 124
Dans le serain 3
Dans vn sablon 110
De cette douce 184
Dedans les pres 74
Dedans le lit 203

Depuis le iour	240	Estre indigent	101
Depuis le iour que	116	**F**	
De quelle plante	82	Fauche Garson	221
De ses cheueus	105	Franc de raison	126
Des Grecs marris	237	Franc de trauail	123
De soins mordans	183	**H**	
De toi Paschal	144	Ha belacueil	196
De ton poil d'or	156	Ha seigneur dieu	47
Deuant les yeus	110	Hausse ton æle	153
Dieus, si la haut	160	He qu'a bon droit	15
Di l'vn des deus	145	Heureuse fut	154
Diuin Bellai	70	**I**	
Dous fut le trait	44	Ia desia Mars	83
D'vn abusé	39	I'ai cent fois éprouué	91
D'une vapeur	233		
D'vn gosier machelaurier	111	I'aloi roulant	244
		Iamais au cœur	206
D'vn Océan	218	Ie m'asseuroi	210
Du tout changé	88	Ie ne suis point	202
E		Ie ne suis point	4
En autre part	166	Ie paï mon cœur	10
En escrimant	197	Ie parangonne	91.150
En cependant	194	I'espere & crain	12
En ma douleur,	186	Ie suis, ie suis	234
En nul endroit	212	Ie te hai peuple	141
Entre les bras	140	Ie veus bruller	199
Entre mes bras	168	Ie veus darder	18
Epouanté ie cherche	161	Ie veus mourir	57
		Ieune herculin	227

s.ij.

Ie voudrois estre	52	Lune à l'œil brun	180
Ie voudroi bien	23	**M**	
Ie vi ma Nymfe	119	Mets en oubli	241
Ie vi tes yeus	14	Mile, vraiment	62
I'irai touiours	161	Mon dieu mon dieu	59
Il faisoit chaut	216	Mon dieu, quel dueil,	224
Iuiuste amour	33	Mon dieu que i'aime	238
L			
L'an mil cinq cens	146	Morne de cors	108
L'arc, contre qui	239	**N**	
L'as force m'est	205	Nature ornant	2
Las ie me plain	40	Ni ce coral,	143
Las ie n'eusse	162.280	Ni de son chef	59
Las sans la voir	109	Ni les dédains	203
L'astre ascendant	155	Ni les combas	92
Le ciel ne veut	127	Ni voir flamber	74
Le feu iumeau	224	Non la chaleur	142
Le mal est grand	117	**O**	
Le pensement	148	O de Nepenthe	149
Le plus toffu	9	O dous parler	66
Les elemens	90	Oeil qui mes pleurs	152
Les petis cors	43	Oeil qui portrait	102
Les vers d'Homere	222	Ores l'effroi	51
L'homme est vraiment	231	Or que Iuppin	187
L'œil qui rendroit	81	Or que le ciel,	201
L'onde & le feu	99	O Trais fiches	204
L'or crepelu,	230	**P**	
Lors que mon œil	8	Pareil i'égale	5

TABLE.

Pardonne moi, Platon, 97	Quand le grād œil 221
Par ne say quelle 65	Quand le soleil 71
Par vn destin 19	Que Gâtine ait 226
Petite Nymphe 235	Que lachement 185
Petit nombril 84	Quel bien aurai-ie 194
Piqué du nom 115	Quel dieu malin 69
Pleut-il a dieu 45	Quelle langueur 217
Plus mile fois 120	Que n'ai-ie dame 86
Plus tôt le bal 30	Que tout par tout 169
Pour celebrer 100	Qui voudra voir 1
Pour estre vain 13	Qui voudra voir dedans 76
Pour la douleur 42	
Pour voir ensemble 96	R
Puisse-ie auoir 190	Ren moi mō cœur 220
Puisse auenir 41	S
Puis qu'auiourdhui 209	Sainte Gâtine 193
	Seconde Aglaure 211
Puis que cet œil 182	Si blond, si beau 232
Puis que ie n'ai 195	Si ce grand Dieu 128
Q	Si doucement 118
Qu'Amour mon cœur 25	Si hors du cep 242
	Si ie trepasse 95
Quant au matin 48	Si l'ecriuain 99
Quand au premier 37	Si mille œillets 34
Quād ces beaus yeus 75	Si seulemēt l'image 103
Quand en songeāt 148	Si tu ne veus 167
Quand i'apercoi 78	Sœur de Paris 229
Quand ie vous voi 108	Son chef est d'or 213
	Sous le cristal 104

s.iij

Sur mes vint ans	122	Veu la douleur	243
Soit que son or	104	Veuue maison	208
T		Vile de Blois,	154
Tant de Couleurs	77	Vne diuerse	181
Telle qu'elle est	234	Vn chaste feu	21
Tes yeus diuins	27	Vn sot Vulcan	223
Touiours des bois	198	Vn voile obscur	165
Touiours l'erreur	213	Voiant les yeus	80
Tout me deplait	107	Voici le bois	192
V			
Verrai-ie point	67		

www.ingramcontent.com/pod-product-compliance
Lightning Source LLC
Chambersburg PA
CBHW070545160426
43199CB00014B/2374